何谓真正的城市遗产保护
What Is Real Urban Heritage Protection

真伪之问
The Question of Authenticity

阮仪三 李红艳 著

序言

随着中国经济的飞速增长，城市文化遗产与历史建筑保护的问题日益严峻。这些历经沧桑的历史遗存代表着一个国家的文化根基与精神传承，必须要谨慎对待。

多年来，业界以及国人对于怎样才是妥善保护城市历史遗存的问题一直不甚明了，以致许多城市的领导干部、有关专家和技术人员认为仿造古代建筑的式样就是弘扬中华文化，继承历史传统。其实这种制造假古董的做法在损毁无价的珍贵历史遗产的同时，严重违背了《文物保护法》。由于城市文物保护意识淡薄与保护观念含混不清，一些媒体还推波助澜地大肆宣扬这些假冒伪劣。近两年又冒出所谓"迁移性保护""异地保护"等荒唐的说法与事例。面对现存中国城市历史遗迹的种种惨状，令人扼腕痛惜。

近年来，我极力宣讲保护历史文化遗产要做到"四性五原则"。"四性"即"原真性""整体性""可读性"和"可持续性"。其中"原真性"特别强调在维修历史遗存时要"整旧如故，以存其真"（冯纪忠先生的话），以前常讲要"整旧如旧"（"整旧如旧，要延年益寿，不要返老还童"曾是梁思成先生的教导），但由于后面这个"旧"字语意不明，出现了打着"整旧如旧"的旗号造假、做表面文章的现象。"整旧如故"的"故"直指历史遗存原本的状况，就是要认真地研究历史遗存处于"唐、宋、元、明、清"怎样的状态，也有可能这个遗存上遗留了唐、宋、元、明、清各个时期的痕迹，那么，就要刻意地保存这些痕迹，不要用现代人的见解去诠释它，要用科学的方法使其原样能长久留存。留存历史原貌，而不是修缮一新。

后面半句话"以存其真"也很重要,即要把真实的东西留住,让人们看到原本的真实的遗存。我认为要全面地诠释对城市历史遗存的保护做法,在"整旧如故,以存其真"后面还要加上那句"不要返老还童,要延年益寿",这样,通俗易懂,也很生动。

保护历史遗存正确做法的"五原则"就是指在修复行动中要遵循"原材料、原工艺、原样式、原结构、原环境"。我们保护历史文化遗产,不光是今天要留下一些真东西,而是为了下一代,为了子子孙孙们留下一些真东西。满眼都是假货,中国建筑和城市真实的历史就被抹杀了,下一代人也就无法了解和传承博大精深的中国传统文化。

李红艳是我的博士生,博士期间经我推荐去拜访了有关专家,针对城市历史遗存保护问题进行访谈,忠实地反映出目前国内相关业界专家们存在着的对原真性的不同认识和理解。在学术上的争论是完全必要的,真理不辩不明。可惜的是,好几位老先生就在这几年中陆续仙逝,这些访谈也成为一份珍贵的历史资料。李红艳博士论文答辩以后,我们又将有关内容重新整理、归纳,并集结成书。

国内现在对"历史建筑和城市遗迹要保护"这个话题已没有争议,但对"如何才是真正的保护"却有不同的说法,希望这本书能对所有钟爱中国传统文化,钟爱城市历史古迹,关注城市遗产保护的人们有所裨益。

葛亮协助全文的编辑和插图的采录,汪娴婷打印校对,我不谙电脑,没他们的帮助这本书是写不成的;本书的责任编辑和装帧设计师通过细腻的工作,让整本书严谨又不乏活泼,清晰更耐人思考。在此一并致谢!

2016 年 9 月

目录

序言

导言 ---9

    一 "环境危机"与"遗产保护" ---10
    二 现代城市的"贫血症" ---19
    三 "乡愁"的解读 ---26
    四 "保护理念"是"保护行为"的灵魂 ---32

第一篇 为什么保护 ---37

    一 城市遗产保护思想的发展变化 ---38
    二 城市遗产保护的价值论 ---55
    三 城市遗产保护的历史性 ---65

第二篇 保护的"误区" ---71

    四 "重建" ---72
    五 "异地保护" ---90
    六 "文化工程" ---104
    七 仿古街 ---113
    八 旧城改造 ---123

第三篇　专家的见解 ---135

　　九　　文物及考古专家 ---136
　　十　　城市遗产保护专家 ---148
　　十一　建筑遗产保护专家 ---158

第四篇　怎样去保护 ---171

　　十二　我国城市遗产保护的一些问题 ---172
　　十三　中国语境下的原真性 ---180
　　十四　保留城市呼吸的场所 ---185
　　十五　从"改造"走向"保护与更新" ---191
　　十六　整体性的保护方法 ---198
　　十七　保护创造新建筑的文化土壤 ---206

附录：我国城市保护理念变迁历程 ---210

参考书目 ---219

后记 ---221

导言

一、"环境危机"与"遗产保护"

如果我们把城市比作一个生命有机体，那么今天中国的许多大城市都出现了各种"城市病"，首当其冲的就是城市的空气质量。2013年冬季，许多城市被雾霾所笼罩，城市居民只好用口罩来保护自己的健康，一时间原本陌生的"空气净化器"成了家里的必备电器。我们可以用现代科技手段来改善室内环境，可是我们的室外环境却十分令人担忧，树叶上落满了厚厚的灰尘，人的视线所及只是几十米、甚至十几米的范围。不仅北京、西安如此，素有"人间天堂"之称的杭州、苏州也摆脱不了雾霾的困扰（图0-1）。

尽管城市恶劣的空气质量与工业废气、汽车尾气、建筑工地扬尘等多种因素有关，但是我们必须意识到城市生态环境的建立是与人的活动息息相关的。"城市生态系统形成后，人类活动仍然主导城市生态系统的发展变化，其前景有两个：一个是保持良好循环，使城市建设、经济建设与环境得以协调发展，环境质量不断改善；另一个是走向恶性循环，使城市生态系统遭受严重破坏，环境质量不断恶化，甚至走到人类无法在此生存的地步。"[1] 在我国快速城镇化进程中，城市生态系统正经历前所未有的挑战。

气候变化不仅影响着人类，也在慢慢侵蚀着人类遗产。反之，城市遗产保护可以促进城市的可持续发展。随着现代科技的发展，人们往往在新建筑中增加节能设施以建立"低碳绿色建筑"，相比之下，老建筑似乎缺少节能方面的考虑。"英国牛津大学气候变化研究所的《40%房屋报告》

---

1 张松. 历史城市保护学导论——文化遗产和历史环境保护的一种整体性方法 [M]. 2版. 上海：同济大学出版社，2008：18.

一 "环境危机"与"遗产保护"

图 0-1 雾霾中的上海清晨

导言

建议拆除英国最浪费能源房屋的速度应该是现在的 4 倍。而这样大规模拆除历史建筑对一些历史城镇的影响是致命的，比如在世界遗产地区爱丁堡。因此，遗产专家们质疑这些评估结果，一个主要的疑点是，新建筑的能耗是否需要包含拆除原有建筑和再建新建筑的消耗。"[1] 这意味着，尽管新建筑可以采用现代技术降低能耗，但是建筑拆除和重建过程本身就要耗费大量的能源。"假如我们希望重建可以达到节省能源的目的，那么新建筑需要在一个合理的时间内节省足够的能源。但是，据澳大利亚的一项调查，即使一栋新房子被设计得在日常生活中不消耗能源，那么重建也只能在 30 年以后才能使这项工作'收支平衡'，因为拆除使原有房屋的能量消失，并且拆除和重建本身也消耗大量能量。在美国，这个结论被描述为：'最绿色的建筑是一栋已经建好的建筑'。"[2]

当然，如果仅就经济效益而言，推倒重建可能比改建、维修花费更少，修建速度往往也更快。比如 2000 年，中挪（中国和挪威）合作完成了西安鼓楼回民区一处总建筑面积为 192.6 ㎡ 的典型清代传统院落的维修工作，整个院落保护费用约 43 万元，给排水设施约花费 4 万元，业主内部更新约花费 2 万元。按照当时的造价，如果拆除重建，可能只需其一半的费用。这样的保护到底值不值得呢？世界遗产委员会这样评价该项目：化觉巷 125 号在修复过程中所采取的合理保护措施和技术，堪称西安鼓楼附近穆斯林居住区和全国城镇今后开展遗产保护的楷模（图 0-2）。这座清代传统的民俗建筑尽可能地保留了原来的材料，同时满足了现代生活的需要。该项目所处的周围环境，有利于人们了解当地的城市建筑，同时也是外国技术人员和当地居民合作的典范，而且为中国的遗产保护树立了技

---

[1] 彼得·菲利普斯. 全球气候变化下的文化遗产保护. 中国社会科学报, 2010-9-15, http://www.chinanews.com/cul/2010/09-15/2534940slhtm
[2] 张松. 历史城市保护学导论——文化遗产和历史环境保护的一种整体性方法 [M]. 2 版. 上海：同济大学出版社, 2008: 18.

一 "环境危机"与"遗产保护"

图 0-2 化觉巷 125 号院正房维修后

术规范。因此，化觉巷 125 号院落保护工程获得了"2002 年度联合国教科文组织（UNESCO）亚太地区文化保护遗产奖"。事实证明，这个院落的修复起到了很好的示范带动效果。在西安鼓楼回民区项目实施早期，当地居民对于老房子保护的关注度不高，该院落的实施极大地提高了当地居民对于保护自家民宅的积极性，提高了当地规划和建设部门对于城市建筑遗产的关注度，为西安鼓楼回民区大量未得到保护的老宅院指出了一条切实可行的道路。

老建筑是饱含着物质和信息的资源，对这些资源的保护就是一种能源节约。历史建筑一般是某一时期的优秀建筑，经过精心设计，由于未得到有效保护，可能已破烂不堪，但它仍具有值得留存的部分，或者是主体，或者是构件和细部。在保护过程中要尽可能留存历史构件，对其再利用有利于节约资源，减少建筑垃圾，这是一种可持续发展的理念。城市遗产具有不可再生的特点，无法创造，城市遗产使用价值的丧失，意味着资源的再一次投入。当前，我国一些城市大量建造"假古董"和"人造景观"，既浪费了资源，又有可能对人类长久的文化产生不利的影响，让人分不清古代和现代，甚至混淆各个年代建筑的特点，虽然能够满足人们暂时的怀旧情结，但它们是现代的建造物，而不具有真正的历史价值。

历史遗存反映千百年来城市演变的信息，是一种形象化的历史见证物，它能让人看到城市发展、变化的过程，与其周围的历史环境一起构成城市发展和演化的基础。历史遗存的物质实体能映射出当时的社会背景和人们所遵循的思想，见证在新陈代谢中不断发展的生命有机体。但是，这些历史遗存必须是真实的，而不是当代人的新造物，它要有岁月的痕迹，反映历史对其所造成的年代的印记，这样才能反映真实的历史信息，使城市历史在旧的、新的环境变化中保持一定的连续性。

著名社会学家费孝通先生指出："历史和传统就是我们文化延续下去

的根和种子。"[1]人类社会文化的发展需要一定程度的连续性,城市遗产是对历史的形象叙述,同时它也是联系历史、现在和未来的媒介,让人站在现在的时间点上去回味过去,给人带来了真实的文化体验。真实的历史遗存是人类过去文化活动的物化形态,一个国家、一个民族的历史遗存是其历史的"活化石",人们可以通过对历史遗存的阐释和挖掘理解自己国家和民族的过去,从而更加深入地理解自己的现在,畅想自己的未来。

保护历史遗产可以减少现代高速运转的社会给人们带来的心理冲击。当代社会,人们为什么要保护遗产?为什么有那么多的人热衷于建造"仿古街"?其主要原因是剧烈的社会变革中,人们需要有归属感。当第二次世界大战后华沙古城几乎被夷为平地时,整个城市85%已经被炸成废墟,华沙人民选择了按原样重建华沙,实现了著名的"华沙速度",从而吸引了大量华沙人重回祖国。华沙人民的爱国之情感染了世界,重建后的华沙成为第一个以重建而登录联合国世界文化遗产名录的城市。历史环境有助于维护精神健康,减少物质空间和社会形态变化所带来的冲击。

中国遍地出现的重建古城、古街、古建筑的现象,来自于20世纪80年代以来剧烈的造城运动:整个国家成为一片大工地,按照旧城改造、旧房改造的要求,拆掉旧屋造新房,拆迁老城变新城,旧城换新貌。三十多年过去了,许多青年人变成了老年人,回首静思,才想起老城、老房和老祖宗的事,于是乎又热衷起复古、仿古起来。我觉得这是一种中国人的自责、自赎心理的反映,是可以谅解的,但要认识到这种做法是错误的,这种复古、仿古又走向了另一个极端。

---

1 乐黛云.多元化世界的文化自觉[N].人民日报:海外版,2006-07-11.

重建的华沙为什么能成为世界遗产？

图0-3 重建后的华沙

在文化遗产保护中，我们反对大规模的重建，可是世界上有一个特例，重建的城市被列为世界遗产地，它就是位于波兰的华沙古城（图0-3）。

二战期间，华沙被德国占领，约80万华沙人被杀，城市的大部分区域被毁。值得庆幸的是，在德军野蛮地将华沙夷为平地之前，华沙的建筑师和规划师冒着生命危险绘制图纸，记录华沙的建筑和街道，尤其是华沙科技大学（Warsaw Technical University）建筑学院的师生，他们对每一处建筑进行了"纸上复制"，勘测、绘制、记录，一张张手工图纸，精准清晰。由于德国当局已明确宣布这样的行为是违法的，所以他们的图纸只能秘密藏在城市之外的修道院中，后来这批由师生绘制的图纸发挥了重要作用。

战后重建时，华沙否定了苏联专家要修建新红场的提议，而是决定把华沙按照原样恢复。消息一传开，华沙人纷纷回归祖国，许多当地居民义务参加修建，他们通过"五年重建运动"建成了今日的华沙老城，实现了著名的"华沙速度"。在重建过程中，为恢复城市的集体记忆，全部原址重建，保持建筑原有的式样，同时有机会对建筑内部进行改良。昔日的宫殿、教堂、城堡、民居再现了13世纪至17世纪的华沙历史风貌。

1980年，联合国教科文组织破例将这一再造的古城列入世界遗产名录。世界遗产评价的核心标准是具有"突出的普遍价值"，世界遗产委员会认为华沙古城符合以下两条标准：

（1）华沙整个历史城区的综合保护行动是独特的欧洲经验，贡献于对保护原则和实践的验证；

（2）华沙古城中心是城市被故意并且完全破坏后整体重建的杰出典范。物质性重建的基础是民族的内在力量和决心，由此带来世界历史上具有独特规模的遗产重建。[1]

---

[1] 来源：UNESCO World Heritage Centre，http://whc.unesco.org/en/list/30，2016-1-29
英文原文：
Criterion (ii): The initiation of comprehensive conservation activities on the scale of the entire historic city was a unique European experience and contributed to the verification of conservation doctrines and practices.
Criterion (vi): The Historic Centre of Warsaw is an exceptional example of the comprehensive reconstruction of a city that had been deliberately and totally destroyed. The foundation of the material reconstruction was the inner strength and determination of the nation, which brought about the reconstruction of the heritage on a unique scale in the history of the world.

华沙古城的重建对世界保护运动具有积极的影响。在第二次世界大战后期的社会大背景下,华沙对历史城市的再现改变了人们以往对城市的认识,其意义不仅仅在于重建本身,其建设目的不是回归历史,而是重建民族自信——它是众多华沙人用自己生命为代价换回的历史文化环境。华沙古城在特殊的历史背景下严格按原样重建,这在重建的实例中是十分罕见的。

二、现代城市的"贫血症"

令人遗憾的是，现代城市中的人们似乎迷失了方向，要么高楼林立，要么建设大量仿古建筑，产生了所谓的"建设性破坏"和"保护性破坏"，以致城市失去特色，千城一面，甚至有些地方产生了城市建设"求大、求洋、求快"的现象。

2001年，上海市政府在《关于上海市促进城镇发展试点意见》（沪府发〔2001〕11号）中提出："十五"期间，重点发展"一城九镇"，即松江新城和安亭、罗店、朱家角、枫泾、浦江、高桥、周浦、奉城、堡镇9个中心镇，加快郊区城镇化的步伐。根据"建设要引入国际的先进设计理念，提高城镇规划的起点与水准"的指示精神，"一城九镇"引进了国外不同地区的建筑风格。将风貌特色确定为：松江新城建成英国风格的新城；安亭镇建成德国式小城；浦江镇以意大利式建筑为特色，结合美国城镇风格；高桥镇建成荷兰式现代化城镇，融入法国和澳大利亚风情；朱家角镇既凸现本土水乡古镇风貌，又有现代城镇的格调；奉城镇建成西班牙风格小城；罗店、枫泾、周浦、堡镇建成欧美特色的小城。

其中，松江新城被建成了泰晤士小镇，主要为低层和多层的英国风格建筑，地面也采用了具有几何图形的彩色铺装（图0-4）。新城有一座很漂亮的教堂，完全采用欧式风格（图0-5）。教堂的东边为圣爱广场，许多新人在这里拍摄婚纱照，景色很美，但是总让人感到虚幻，一时间不知自己到了哪里。

安亭新镇被建成德国小城，建筑设计比较简洁，以淡色调为主（图0-6）。距其三五公里外的安亭老街有一条河道，两边绿树成荫，拱形的小桥横跨水面。河道两侧新建了一些传统风格的建筑，主要是商业用房，但是目前空置较多（图0-7）。

罗店新镇由A、B、C、D四个功能区串联成北欧风情街，分为围合式住宅和独立的别墅区，A区和B区之间的大型广场北部建有一座大型国际会议中心，与南部的水面遥相呼应，景色十分优美。建筑主要采用灰色和砖红色坡屋顶，屋顶设老虎窗，主体的色调为灰色、红色和土黄色（图0-8）。与新镇相对应的罗店老镇显示出浓浓的古朴味道：二层小楼依水而建，白墙黛瓦，有些民居保留着传统的木门窗（图0-9）。老镇中的大通桥于1992年列为宝山区文物保护单位。然而，目前许多老宅由于年久失修已破烂不堪，亟须得到维修保护。

"新城"为谁而建？《关于上海市促进城镇发展的试点意见》中要求"制定鼓励本市农民进入试点城镇的导入办法"，但是，现实中建成的新区似乎与"本市农民"关联并不大。据调查，2007年罗店北欧新镇的别墅售价约为每平方米1.6万元，一幢别墅总价就要400万～600万元，这样昂贵的房价农民怎能承受得起？那么各风情小镇到底在为谁服务？谁是受益者？"一城九镇"新区和老镇区之间的鲜明对比显现了巨大的社会贫富差异——新区自然成了富人和外来高收入人口居住区，而原有的居民依然生活在他们所熟悉的破旧老镇。

二 现代城市的"贫血症"

图 0-4 松江的泰晤士小镇

图 0-5 松江新城的教堂

图 0-6 安亭新镇

图 0-7 安亭老街

图 0-8 罗店新镇

图 0-9 罗店老镇

导言

外国人为什么不建东方城?

图 0-10 美国纽约唐人街

城市是供人生活的,新区建设与生活在其中的人的生活方式、居住水平都是关联的。城市风貌是一定历史时期形成的,有其城市特色,不是刻意创造出来的。在中国近代租界时期建设欧美风格无可厚非,因为当时有外国人居住、生活,他们带来了异国的文化。可是,现代社会,在上海的郊区建设异国风格的新城,与当地的生活找不到一点关联。有人说欧洲也仿古,可是欧洲从来没有在欧洲的土地上建设一座"中国上海风貌城"或者"东方风貌城"。欧美许多城市有唐人街,其中有许多中国餐馆、商店,城市周围有一定数量的中国人,它是一种生活的体现,中国人可以用中国的方式体验"中国味",感受那种归属感(图0-10)。

如今,这些新镇的建成被媒体称颂为政府辉煌的政绩或是上海的"新海派风情"。这些房子被许多富商和囤房者买走了，似乎已经完成了新城区的建设蓝图，但每逢晚上走进这些新镇，却黑黝黝的，没有一户住家的灯光，只有一片片沉寂的楼宇。物业保安们抱怨着空城的难守；原来会成为旅游热点之说，也成为骗人的诳语。大片的珍贵土地资源成为低效的空置楼群，它们背后的利益运作，不知有无人去追究？

《21世纪城市规划师宣言》中指出："城市的未来景观要与城市的传统景观达到和谐，强调城市的历史现实和未来的文脉延续性。"[1]中国正处于经济快速发展时期，上海一年的建设量甚至超过欧洲一年的建设量。在这样的情况下，我们需要建造属于我们自己的建筑。上海"一城九镇"就其建设本身而言，确实建成了"与国际大都市相匹配的国内一流的现代化城镇"（试点意见），但是它忽略了其所处区域的生态特征、经济条件、人文环境和文化背景，建造出完全新的城。作家冯骥才曾对中国目前的"新造城运动"作出这样的批评："一无个性，二是模仿，三是功能主义规划，四是粗鄙。"[2]新城建设一定要结合当地的地域环境，充分考虑当地的自然、人文以及空间环境，在结合中创新才会有生命力。

1 吴志强. 21世纪城市规划师宣言 [J]. 城市规划汇刊, 1998（4）: 2.
2 刘悠扬. 华侨城模式可复制？不可复制？[N]. 深圳商报, 2006-11-02.

建筑是文化、科学技术、人文地理、民族风情和社会政治、经济发展阶段节点的综合载体。审慎地保护好民族的精华,保存住这些历史文化的物质载体,我们就有了学习和借鉴的依据。只有这样,新的、有中国特色的城市和建筑才能从中华民族传统文化精髓的肥沃土壤里生长出来。保护历史文化遗产,不仅仅是为了珍藏,更重要的是为了继承和发展。要建设中国式的新的城镇,要创造出能自立于世界建筑之林的中国式的新建筑,保护是基础。正如我国著名建筑大师蔡镇钰教授所言:"我赞同'只有民族的,才是世界的'。国外建筑有国外建筑的优点,但咱们老祖宗留下的文化多么珍贵呀,朴素的生态观和优秀的建筑文化,讲究天人合一,人与自然共生,讲究科学的居住风水,讲究自然健康的居住环境。"[1]

传统建筑形式适应当地的气候状况,如陕西窑洞、上海里弄、北京四合院。蔡镇钰先生指出:"中国民居就地取材应用自然材料,也是生态精神之一。天然材料不仅对人体无害,在很大程度上还能满足人们返璞归真、回归自然、融合自然的心理需求。西藏的石屋、东北的井干式木房、云南的竹楼、西北的窑洞、内蒙古的帐篷都是就地取材、适应当地气候,并与

---

[1] 龚俊敏,李玉英.做一个有中国灵魂的建筑师——访建筑大师蔡镇钰[J].建筑装饰材料世界,2007(11):72-73.

大自然融为一体的传统民居。""中国的传统建筑和民居,其实是贯穿着天人合一的哲理,从聚落选址、总体布局、室内外环境设计,直至取材及营造技术各方面都包含了生态精神。我把这种精神称之为建筑的'魂'。将它有效地融合到规划设计过程中,结合现代化的科学设计,那么,即使建筑本身穿上现代的时装,本质上也是非常自然和谐,骨子里非常有中国特色的。"[1]

---

1 龚俊敏. 李玉英. 做一个有中国灵魂的建筑师——访建筑大师蔡镇钰 [J]. 建筑装饰材料世界,2007(11):72-73.

三、"乡愁"的解读

2013年12月12日中央城镇化工作会议召开后,在公报中提出要建设美丽乡镇,还说了几句非常生动、饱含智慧和情感的话——所谓"美丽村镇"要"望得见山,看得见水,记得住乡愁"。这给了人们巨大的想象空间,也提出了有文化、科学、很有人情味的要求,我想就以此说些感想。

"望得见山,看得见水"容易理解,是要求保持自然生态环境,保护原本的地理风貌,要尊重自然留存的山山水水,这是针对许多地方政府胡乱开山填湖、破坏原有地形、地貌的问题提出的。过去我们并不科学的"战天斗地"的口号,有"农业学大寨"的惨痛历史教训,把原来的生态环境破坏了,遭到了大自然的报复。这种事,一定不能再做了。大家都明白这个浅显的道理,有水有山才是重要的美丽风景(图0-11)。

关于"乡愁",乡愁是什么?简单的理解就是"对故乡的思念之情"。有人说是"童年对家乡美好的记忆",我要问是怎样的"记忆"?是故乡的山山水水,是故乡的阿婆老爹,还是故乡的小桥、流水、人家?文学家、诗人有许多精彩、隽永的描绘,用一句建筑术语来表达:"乡愁是人们对故乡里人与人之间相处的物质环境的记忆以及对它存在与否的耽愁与怀念。"是故乡的老房子组成的历史空间环境,是故乡人们在这些以老房子为主的历史空间环境中生活、活动而演绎的平凡又生动的故事令人终生难忘。许多历史城镇因为充满了历史文化遗存厚重的遗韵,更是让人无法释怀。乡愁中还包含着家乡人们祖祖辈辈留下的人与人的亲情关系,而这些

三 "乡愁"的解读

图 0-11 西塘古镇

关系又依存在那些故乡的古老建筑及建筑所形成的场景、风光特色中。江南水乡古镇因水成镇、因水成街的风光就会成为特别的记忆；山村的寨堡也同样会因独特而成为鲜明的记忆。实际上每个人的家乡，特别是乡村，其所处的地形、地貌，其历史的因循，其地方风土人情等都会给每一个在那里生活过的居民留下浓重的记忆，离开久了怎么会不产生乡愁呢？

在现代城市中，由于现代的生活方式，更由于所谓现代社区、居住小区形成的居住格局，基本上失去了人与人之间的亲情交往空间。无论是行列式的排排房，还是独立式的别墅，或是高层住宅楼，讲究的是科学的间距、交通、绿地率、容积率；房屋内部讲究的是个人生活的舒适度，按功能的需求来科学地布局，完全摒弃了过去中国传统民居的那种以家庭为核心的建筑布局。农村的房屋布局大多是合院式的，尊卑有别，主次有序，建筑组合形成浓郁的阖家团聚的格局。建筑总体成组成群，家族聚合，左邻右舍，前房后院，老宅、老井、大树、小巷、围场，形成熙熙攘攘、其乐融融的民族村落景象。千百年来这些村落、乡镇被传统的伦理道德熏陶着，被世代相传的耕读文化浸润着，而这些老宅里的老人们传承、吸纳着的这种文化气息弥漫并笼罩着所有古老的祥和空间，也就出现了常见的青梅竹马、过房亲家。这里的人们守望相助、和睦相亲，虽然乡村里也有家长里短的矛盾，但绝不会出现现代城市中的那种戾气、事不关己甚至"饿死女婴"类的事件。这真正是中国人几千年来祖辈相传的以家庭、家族为核心的居住环境。

说到这里，可以说乡愁是一种对行将消失的生活环境的追忆，是人们对故乡的怀念，是对传统文化消失的惋惜和无奈。我们用建设美丽乡村的心愿来寻回失落的乡愁，是源于哀其不存的心痛。

要留住乡愁，就是要把能产生这些历史传统特色的物质依存保护好，也就是对历史文化名镇、名村的妥善保护与传承。保护不仅是为了发展旅游,为了经济利益,应该明白:珍存祖先留给我们的精神财富,是依赖于那些具有物质形态的历史建筑、古桥、河流、街巷、场院所构成的人们生活场景。要的是原生态而不是现在制造的假古董,只有原汁原味才能留得住记忆。

导言

"排排房"（住宅）
是从哪里来的？
科学吗？

图0-12 批量建设的住宅用房

中国传统建筑，不论建筑群，还是单体建筑，都具有浓厚的中国特色，讲求"天人合一"，考虑自然通风采光，考虑人和自然的关系。

现在，城市中建设了大量的钢筋混凝土方盒子，尤其是20世纪90年代以来，随着中国城镇化的快速发展，面对住房的大量需求，城市出现了许多"排排房"（图0-12），只讲求舒适，只有合理性、绿化率、停车位，却没有举家团聚的概念。那么，现代的"排排房"从何而来？

"排排房"这种工业化的住宅模式起源于欧洲。英国工业革命时期，大量农民涌入城市，城市迅速发展，为了满足人们住房的需要，集合住宅逐步发展起来。随着工业化水平的提高和预制技术的发展，工业化住宅大量建设。第二次世界大战结束后，住宅需求量剧增，各个国家也建设了大量住宅。这一时期的住宅普遍存在机械般的冰冷和缺乏人情味的特点。

近年来,一些建筑师、规划师已经开始探索具有传统文化和地域特色的住宅,但是不可否认,在我国的城市中存在太多急功近利的建设,不求设计质量,只求经济利益,貌似科学、现代了,可是,传统文化和人的精神归属感消失了。居住于现代高层,邻里之间做了多年邻居还彼此陌生,更谈不上互相帮忙了。以前人们住胡同、里弄、街巷时,有街巷风情、里弄情结、合院和谐的气氛。中国古代合院中的天井,与天地相通,与自然相融,人们居住其中,可以很方便地接受自然的阳光和通风;现在的房子只有阳台,将人禁锢在混凝土的盒子里面,只是开个窗户透透气而已。传统的中国建筑是把自然环境融入自己的房子里面,中国园林也是这样。这就是中国艺术的特点——向往自然,与自然和谐相处。这就导致了建筑也好,其他艺术也好,都带有天人合一的哲理,敬天畏地。

当然,赞赏古人的智慧并不意味着要回归过去,而是希望中国传统建筑能够为现代小区规划和建筑设计提供文化的土壤,通过吸收其合理的成分,增加人们的交流,融入更加和谐的家庭氛围,让家更像个家,而不仅仅是居住的场所。

四、"保护理念"是"保护行为"的灵魂

在欧洲近两个世纪的古迹保护中,一直在争论建筑遗产的修复方法问题,其主要流派有两个,分别以法国建筑师欧仁·维奥莱·勒·杜克(Eugène Emmanuel Viollet-le-Duc, 1814—1879,图 0-13)与英国艺术历史评论家约翰·拉斯金(John Ruskin, 1819—1900,图 0-14)为代表的历史性修复。1964 年,《威尼斯宪章》提出了一个非常重要的概念"原真性"(authenticity)。20 世纪 90 年代以后,原真性成为文化遗产保护的核心原则之一,它是定义、评估和监督世界文化遗产的基本原则。

"原真性"一词是从英文"authenticity"翻译而来的,它最初有权威的、原初的、原作者等含义。在西方国家,人们对于原真性的关注古已有之。在宗教占统治地位的中世纪,人们对圣物的崇拜,原真性主要针对宗教经本和圣人遗物。当时,由于认识的局限性,同时受到宗教信仰的影响,人们并不怀疑宗教经本和圣物的真实性。随着科学的发展,人们发现这些曾经毋庸置疑的经本和圣物也常常被篡改和曲解,于是开始关注这些物质实体的真实性。

对文化原真性的认识反映人们对历史遗产不同的保护思想。原真性本身是一个随着人类认识世界能力的变化而不断变化的概念,人们对它的理解在时间轴上不断发展延伸,同时,地域文化的特殊性又使原真性概念在不同的国家和地区显示出很大的差异性,具有不同历史传统的东方和西方国家也显示出不同的保护理念。

四 "保护理念"是"保护行为"的灵魂

图 0-13 法国建筑师欧仁·维奥莱·勒·杜克
（Eugène Emmanuel Viollet-le-Duc）

图 0-14 英国艺术历史评论家约翰·拉斯金
（John Ruskin）

在我国，尽管人们已经普遍接受原真性原则，但是在城市遗产保护实践中还存在着严重的理念分歧：一些专家认为，坚持原真性意味着尊重各个时代的历史印记，要呈现城市遗产历经沧桑受到侵蚀的状态。中国的城市遗产保护应遵循《威尼斯宪章》的基本精神，源自西方的可识别性理念在中国也是适用的，应将新添加的部分与历史原物区分开，让人能从中读出历史发展的脉络。另一些专家则认为，中国木结构建筑体系有其特殊性，木结构古建筑的保护与修复应该有别于《威尼斯宪章》中所提出的原则。他们强调修复的完整性，认为西方的"断白"不符合中国人的审美观，他们更希望修复后的建筑保持艺术的完整性，而不是残损的状态。

当然，理念的争议是正常的事情，但是问题在于现实中各种保护思想的争议严重影响保护实践的开展。在我国蓬勃的建设高潮面前，这一问题显得十分突出。当前我国城市遗产中的"保护性破坏"不仅造成历史信息不可挽回的损失，而且给城市带来各种社会经济问题。因此，纠正各种片面和错误的认识，澄清原真性的内涵，已成为我国城市遗产保护中亟待解决的关键问题。

四 "保护理念"是"保护行为"的灵魂

《威尼斯宪章》是在什么背景下提出的？

图 0-15 意大利威尼斯

《威尼斯宪章》被公认为世界遗产保护领域的纲领性文件，但是在我国，对于《威尼斯宪章》适用性的争议由来已久。问题的焦点在于：有人认为《威尼斯宪章》体现的是西方人提出来的保护原则，适用于西方砖石建筑，而东方建筑以木结构为主体，因此《威尼斯宪章》不适合于东方建筑；有人认为《威尼斯宪章》是一般意义上的原则，并没有针对东方建筑和西方建筑之分别。实际上，产生这种争议的一个主要原因是人们并没有弄清《威尼斯宪章》的产生背景及其内涵。

第二次世界大战结束后，欧洲纷纷修复被战火焚毁的历史古迹，然而在修复过程中，一些历史建筑失去了原有的价值，为此，欧洲古建保护界人士认识到有必要制定各国共同遵守的国际准则，以确保对历史建筑文物价值的有效保护。1964年，在意大利威尼斯（图 0-15）召开的第二届历史纪念物建筑师及技师国际大会上，通过了《威尼斯宪章》。

参加宪章起草工作的共有23人，意大利的Piero Gazzoh先生为主席，其他成员来自西班牙、葡萄牙、南斯拉夫、荷兰、丹麦、意大利、法国、墨西哥、捷克斯洛伐克、秘鲁、梵蒂冈、希腊、奥地利、波兰、突尼斯等。有人说，没有一个来自东方的建筑师参加宪章起草工作，所以该宪章不适用于中国木结构建筑体系。

实际上，《威尼斯宪章》并不是一个教条式的文件，它是一个原则性的文件，也是文化遗产保护的纲领性文件，它随着时代的发展不断得到完善和补充。《威尼斯宪章》提出的是具有普遍意义的一般性原则，比如宪章提出的"原真性"概念，强调"修复"，而非"重建"，尽可能使用传统技术等概念和原则，在今天的城市遗产保护中仍然适用。之后，国际上颁布的许多宪章文件是对《威尼斯宪章》的深化，比如1994年颁布的《关于原真性的奈良文件》对《威尼斯宪章》提出的"原真性"问题进一步深入和细化，提出"价值"是判别原真性的基础，而价值判断又基于信息源。

几十年来，人们不断反思《威尼斯宪章》的理念与原则，对其中不完善的地方通过一系列后续宪章文件来加以完善，指导不断变化的文化遗产保护实践。

为什么保护？

一、城市遗产保护思想的发展变化

1. 西方城市遗产保护思想的发展

在西方古代的宗教社会里，人、上帝和建筑有一种特殊的关系——人们保护建筑是对宗教信仰的尊重。由于科技不发达，人们对自然有更多的依赖，人与自然非常亲密，人们将土地视为神圣之物，十分尊重祖先的传统和遗存。14世纪末，人们逐渐从对宗教历史的兴趣转向对国家和个人历史的研究，同时，人们也开始关注古代建筑和艺术的考古学研究。文艺复兴时期是历史古迹保护的一个转折点：此时，古代纪念物获得了它的政治意义，它为艺术家、建筑师提供了可参照的艺术、建筑和技术依据，人们从中世纪对古代纪念物功能的关注转变为文艺复兴时期对其美学意义和艺术价值的关注（图1-1）。

16世纪至19世纪，科学技术的进步使人们对世界有了更深刻的认识，人们开始重新审视人与自然、上帝的关系；机器大工业的发展也带来了城市人口的增加，人们对历史、艺术和文化遗产的认识有了一定的变化。人们更加关注科学依据的重要性，逐步意识到不同时期的文化会有其自己的特色和精神。法国大革命对遗产保护产生了一定的影响，它使18世纪的浪漫主义画上了句号，一些代表过去统治权利的教堂和纪念物遭到破坏的同时，人们逐渐意识到这些纪念物对于一个国家历史的见证作用。在法国，一些杰出的纪念物被列为"国家纪念物"。

进入19世纪，工业革命带来了技术的进步和城市的繁荣，城市急剧

一 城市遗产保护思想的发展变化

图 1-1 梵蒂冈

增长，大批中世纪遗留下来的历史建筑面临被拆除的危险，一些历史城镇面临被破坏的威胁。由于人们认识世界的能力逐渐增强，人们开始以一种批判性的、更加科学的眼光看待历史，人们开始探究历史事件的真实性和现存事物的来龙去脉，这种历史意识的转变对现代城市遗产保护运动具有重要的影响。欧洲的一些艺术家、文学家、建筑师开始关注历史遗产的保护，古代遗迹历史价值和艺术价值的冲突引起了实践中修复方法的巨大争议，形成了保护观念不尽相同的几个主要流派。

法国学派：19世纪中叶，对于建筑遗产保护，欧洲主要有两种互相对立又影响深远的学说，其中之一就是主张干预(Interventionist)的**风格性修复**，代表人物是法国的欧仁·维奥莱·勒·杜克（Eugène Emmanuel Viollet-le-Duc），几乎成为整个欧洲的主流[1]。勒·杜克是法国中世纪建筑的权威，熟悉各个时期的建筑风格，具有丰富的结构知识和古建维修经验。他主张干预性修复，赞成以必要的物质手段介入来保护历史建筑，竭力搜寻原有建筑的历史资料，希望整体、完全地恢复建筑的初始状态，完美表达那个时代的建筑风格。勒·杜克认为："修复一幢建筑当然不是维持、维修或者重建……而是将其带回到一个完整的状态，历史上可能从未有过的状态"[2]。勒·杜克的整体修复方法不可避免地带有一定的主观性，因为我们无法完全准确地将历史建筑恢复到初始的模样。不管怎样，勒·杜克的思想在相当长的一段时间里影响着欧洲历史建筑的保护与修复实践，法国大量的建筑遗产被修复到外观近乎完美的状态，如玛德莲教堂（La Madeleine）、巴黎圣母院(Notre-dame of Paris)和卡尔卡松城(Carcassonne)，等等。

---

[1] 卢永毅. 历史保护与原真性的困惑[J]. 同济大学学报, 2006（5）: 28.
[2] R·A·Genovese. Architectural, Archaeologic and Environmental Restoration Planning Methodology: Historic Researches and Techniques of Survey Aiming to Conservation[C]. CIAP 2005 XX International Symposium, 2005:1-2.

英国学派：虽然勒·杜克的风格性修复在欧洲影响极大，但是他的主张还是遭到大量的批判，主要是以英国艺术历史评论家约翰·罗斯金（John Ruskin）为代表的反干预思想(anti-interventionist)——**主张历史性修复**，认为历史建筑是古代匠人在一个特定的历史时期完成的独一无二的创作，不应用新的物质手段干预它的现有状态，当代的干预会带走历史的痕迹而使历史失真。罗斯金认为属于建筑生命的东西是不可能复原的，他强调尊重建筑的自然生命过程，不要人为干预建筑的发展过程。罗斯金坚决反对历史建筑的修复(restoration)，他认为所谓的修复其实是最糟糕的毁灭方式，相反，他强调："小心呵护看管一座老建筑，尽可能守卫着它，不惜一切代价，保护着它不受破坏。像细数王冠上的珠宝一样，数着它的石头，像守卫遭受围攻的城市的城门一样，守卫着它。"[1] 罗斯金认为建筑的生命是有限的，但是我们要耐心等待它的到来，而不能用虚假的替代物来剥夺其应有的葬礼。

意大利学派：19世纪末，意大利建筑师卡米洛·波依多(Camillo Boito，1835—1914)进一步推动了历史建筑的保护理论。他认为勒·杜克的"干预"措施和罗斯金的"反干预"理念在现实世界面前都显得过于武断和抽象；他强调**历史建筑修复的可识别性**，认为应该是"保护"(Conservation)，而不是保存(Preservation)。他指出，古迹或遗址需要考古上准确的挖掘和记录，哪怕一点点痕迹都可能对以前的知识有所贡献，但是，这并不排除一定比例的恢复。考古遗址需要稳固与加固，只要后加的支撑部分没有假装模仿原物，那么碎片式的遗存可以被重新组合。至于现有历史建筑，除非被加固或维修，否则它们迟早要变为废墟。"图片式"的恢复是要保持外表的完整无缺，但是通过现代技术可以进行内部结构支撑。波依多主张用一种递减的选择次序来表达："加固一幢建筑优先于维

---

1 [英]约翰·罗斯金.建筑的七盏明灯[M].张璘，译.济南：山东画报出版社，2006：175.

修它，维修优先于恢复。任何现代的干预都应该能被发觉或标记，更新或附加部分应被看作结构的整体组成部分；任何被移掉的碎片或要素应被仔细记录，而且如果可能就原址保存。"[1] 波依多主张尊重每一个案例的特殊性，根据资深专家磋商后建立的原则和程序去实施保护，这一观点于1931年在雅典被第一次国际建筑师及技师历史古迹会议所认可。意大利的古斯塔沃·乔瓦诺尼 (Gustavo Giovannone，1873—1943) 改写并补充了波依多的理论，在起草《雅典宪章》中发挥了重要作用，他强调"有见识的批评"的重要性：可以阻止错误的发生，避免丢失特色和历史价值，同时也认可现代技术和材料的合理运用。

20世纪以来，尤其是第二次世界大战以后，城市遗产保护登上了国际讨论的平台，自此，在广泛讨论的基础上出台了一系列国际宪章文件，体现了城市遗产保护理念的发展历程。1931年通过的**《雅典宪章》是第一份有关文化遗产保护的重要国际文献，第一次提出古迹修缮中的"可识别性"原则**，该宪章是国际交流与对话的结果，成为60年代以后一系列关于历史建筑、街区和城镇保护的国际文件的先驱和源泉。1964年通过的《威尼斯宪章》在继承和发展了《雅典宪章》精神的基础上，明确提出我们向后代传递的信息应该具有原真性。《威尼斯宪章》中关于保护基本原则和理念的阐述成为后来颁布的国际宪章和文件的基础。1972年通过的《世界遗产公约》提出制订《世界遗产名录》，极大地推动了文化遗产保护的发展，并且原真性成为文化遗产登录标准的主要考量依据。1975年通过的《阿姆斯特丹宣言》和《关于建筑遗产的欧洲宪章》对文化遗产保护的完整性进行了系统论述，标志着欧洲文化遗产的整体性保护方法逐步走向成熟。1976年通过的《内罗毕建议》和1987年通过的《华盛顿宪章》是针对历

---

[1] Randolph Starn. Authenticity and Historic Preservation: Towards an Authentic History[J]. History of the Human Sciences, 2002(15): 15.

史城镇和街区保护的指导性文献，提出了具体的保护要求。1994年通过的《奈良文件》进一步讨论了原真性理念，提出尊重文化的多样性，要求在特定的文化背景下进行原真性检验，尤·约奇勒托指出："奈良会议上的答案是：真实性不应理解为遗产的价值。我们能否理解文化遗产的价值要看有关资料来源是否确凿有效，真实性应在于此。"[1] 人们更加关注原真性与信息源以及价值之间的内在联系。

此外，西方国家在ICOMOS（国际古迹遗址理事会）、ICCROM（国际文物保护与修复研究中心）等国际组织的帮助下，结合本国情况制订了一些富有地方特色的宪章和文件，其中影响较大的是1979年ICOMOS澳大利亚国家委员会结合本国情况制订通过的《巴拉宪章》和1996年ICOMOS各美洲国际委员会形成的、以美洲国家文化遗产保护真实性为主题的《圣安东尼奥宣言》。《巴拉宪章》强调文化遗产的"文化意义"，并规定了保护的五种手段：维护、保存、修复、重建、改建，把保护理论和国家法规结合在一起，具有很强的操作性。《圣安东尼奥宣言》充分考虑美洲文化和遗产独特的发展和影响力，论述了原真性与文化认同、历史变迁、物质材料、社会价值和经济价值等方面的关系，认为物质材料所承载的历史信息既包括原始创建时期的信息，也包括在多样文化环境中所产生的叠加信息。

《威尼斯宪章》与之后的《内罗毕建议》《华盛顿宪章》《奈良文件》以及《西安宪章》（2005年）等一起构成了现代文化遗产保护的基本理论框架。但是，由于《威尼斯宪章》是在欧洲文化背景下所进行的讨论，它在多种文化背景下的适用性问题引起专家学者的广泛争议。在我国，有学者认为："东方的木结构古建筑，不可能像希腊、罗马那样露天保存古建

---

1 [芬兰] 尤·约奇勒托 (J·Jokilehto). 文物建筑保护的真实性之争 [J]. 建筑师，1997，78 (6)：109-110.

筑残址。由于结构的特点，如要修复，也很难做到像西方那样，将新修的部分标明修缮的时间，与原物保持明显的分界，称之'留白'。木结构建筑露天很快就会墙倒屋塌，彻底毁掉，也就谈不上保护了。所以木结构古建筑只能是作为一个整体来修复。"[1]但是，清华大学的陈志华先生认为："在西方主流文物建筑保护的价值观、原则和方法中，看不出它们是仅仅从石质建筑的维修中引发出来的。它们讲的是一般的、基本的理论，与建筑的材料、构造等等没有关系。"[2]同济大学的张松教授指出："《威尼斯宪章》由 ICOMOS 认定为文化遗产保护方面重要的国际宪章，国际上古迹保护的权威性文献，它所确立的保护文物古迹的价值观及基于这一价值观的方法论，为人们普遍服膺，迄今不失其先进性和成熟性。"[3]实际上，《威尼斯宪章》已明确指出："古代建筑的保护与修复指导原则应在国际上得到公认并做出规定，这一点至关重要。各国在各自的文化和传统范畴内负责实施这一规划。"这意味着各个国家要根据本国的实际文化背景去遵守宪章中所规定的原则，《威尼斯宪章》提出的是一些基本原则，而不是基于特定文化背景下的保护要求。

西方文化在不断的超越之中，寻求一种理性的保护方法。在现代的保护思想中，是完整和谐理念下的真实，还是忠于历史的真实，是东西方保护价值观中的根本差异。

2. 东亚国家城市遗产保护理念的发展

以中国、日本、韩国为主的东亚国家无论在价值观念还是在物质遗产特征方面都显示出与西方的差异。中国古代的儒家思想、道家思想以及主流宗教——佛教思想对东方文化产生了深远影响，人们注重物质和精神的

---

1 林楠，章菁. 木构古建：保残址还是复原[J]. 瞭望新闻周刊，2002（41）：52-53.
2 陈志华. 文物建筑保护中的价值观问题[J]. 世界建筑，2003（7）：80-81.
3 张松. 城市文化遗产保护国际宪章与国内法规选编[M]. 上海：同济大学出版社，2007：8-10.

统一，追求一种内在精神，遗产的精神性是东亚文化遗产保护的重要特征。

深受中国文化影响的东亚国家日本有一个极端的例子，就是敬奉日本天皇祖先的圣地伊势神宫（图1-2）。按照日本的"式年造替制度"，每隔20年就在相邻基地内重建宫殿，他们保护的是传统的观念和营造方式，保存了一种精神遗产——"他们认为艺术不在于古代或者现代，而在于活着的状态。"[1]伊势神宫的价值不在实物，而在于特定文脉中延续千年的传统"式年造替制度"和营造方式。在西方，日本的"式年造替制度"是不可能出现的，他们强调历史信息的真实载体，而不是失去物质实体的一种历史精神。但是，值得注意的是，日本也有许多历史建筑采取了尽量保存历史信息的保护方式，如唐代的清水寺、法隆寺等，被完整、真实地保护下来，木结构保持其历史遗存状态，不再进行油漆。日本及东亚国家遗产的特殊性直接促进了另一部重要国际文件，即《奈良文件》的颁布。

日本1950年制订的《文化财保护法》奠定了日本文化遗产保护的基础，开创性地提出无形文化遗产的保护类型，同时对遗产保护的目的有了更明确的认识：不仅仅是为了保护物质遗产本身，而且遗产对于人类的精神具有不可估量的作用。1966年颁布的《古都保存法》提出对文化遗产环境的保护。日本非常强大的地方居民的自发性保护运动，对推动文化遗产保护的进程起到了积极的促进作用。

20世纪60年代以来，韩国也十分重视无形文化遗产的保护，推进了国际上对无形文化遗产价值的认识。韩国的文化遗产保护开始于20世纪初，1962年出台的韩国《文化财保护法》将文化遗产分为有形文化财、无形文化财、纪念物和民俗文化四部分，并以此为依据进行全国范围内的文化遗产大普查，提高了全民保护意识。从原真性的角度来看，无形文化是"文

---

[1] Francoise Choay. The Invention of the Historic Monument. Translated by Lauren M·O'connell. Cambridge: Cambridge University Press, 2001: 3, 77-78, 85, 142, 163.

第一篇 为什么保护

图 1-2 伊势神宫

化多样性的熔炉，又是可持续发展的保证"[1]。无形文化遗产与有形文化遗产之间存在一种内在的相互依存关系。

2003年在越南会安通过的《亚洲历史地区保护会安宣言》（简称《会安宣言》）制定了在亚洲文化背景下的遗产地保护原真性专业导则，指出在当前的历史街区保护中，亚洲木结构建筑遗产成为构成文化多样性的重要组成部分。由于木结构本身的特性，促进了关于木结构建筑传统知识的发展以及维修方法的研究，每一个参与木结构古建筑修复和维修的人，从业主到施工者以及专家，必须充分认识木结构建筑保护的基本原则。该宣言同时指出，文化遗产保护和旅游发展并不是矛盾的，而应将其视为互相促进的活动。在亚洲，旅游业已经成为一种快速增长的经济活动，可以成为促进历史街区保护的动力，旅游部门应与保护部门合作建立可持续的旅游发展策略。

3. 中国城市遗产保护原真性理念的发展

数千年来，以中国为代表的"东方文化"绵延不断，延续至今，给我们留下了宝贵的物质和精神财富。在清朝末期由于受帝国主义的侵略，人们的思想变化和政治的变革使中国传统历史文化面临挑战。战乱时期，人们无暇顾及遗产保护，也没有意识到遗产对于子孙后代的重要意义；直到20世纪30年代，以梁思成为代表的保护专家开始关注我国宝贵的城市遗产，成为中国近代遗产保护的开端。

梁思成先生对我国古代建筑有极其精深的研究，他与林徽因、刘敦桢等一批保护专家研究、整理了宋《营造法式》、清《工部工程做法》等古代营造典籍与文献，并虚心向传统匠师学习，完成了蓟县独乐寺观音阁、河北邢台天宁寺塔等大量古建筑现场测绘考察工作，保护了北京天坛等重

---

[1] 张松. 城市文化遗产保护国际宪章与国内法规选编[M]. 上海：同济大学出版社，2007：138-144.

要历史建筑。从他负责制定的古建修葺计划中，可以领会到梁思成先生对古建修复的一些思想；对照今天的国际宪章文件，可以发现其与当前国际上所倡导的原真性原则有许多共通之处。

梁思成先生认为当代人的修复设计与2000年以来每次重修时匠师所为的根本不同在于："以往的重修，其唯一的目标，在将已破败的庙庭，恢复为富丽堂皇、工坚料实的殿宇，若能拆去旧屋，另建新殿，在当时更是颂为无上的功业美德。但是今天我们的工作却不同了，我们须对于各个时代之古建筑，负保存或恢复原状的责任。"[1]这是一种保护思想的飞跃。

梁思成先生对于中国古建筑油漆彩画亦有深入的见解，他在蓟县独乐寺观音阁及山门的考察报告中指出："彩画之基本功用在保护木料而延其寿命，其装饰之方面，乃其附带之结果。善施彩画，不唯保护木料，且能借画以表现建筑物之构造精神。而每时代因其结构法之不同，故其彩画制度亦异。"[2]可见，中国古代彩画的功用被置于第一位——彩画首先有利于保护木料，同时，中国人将功用与艺术相结合，使彩画具有重要的精神意义。对于彩画的修复，梁思成先生指出，虽然传统喜欢油饰一新的观念在近代仍然深植人心，他并不赞成"油饰一新"的修复方法。当时在北京（北平）古建筑修复过程中，除了油饰了天安门及东西三座门外，大部分建筑并没有油饰一新，而仅仅采取了抽梁换柱、修整构架等方法。梁思成先生提出保存现状是保存古建筑的最好方法——不轻易施行建筑复原，重视古建筑周边环境的保护，等等。这些保护观念大大推动了中国城市遗产保护理念的发展。

20世纪50年代，同济大学已开展有关城市遗产保护的教学实践：聘

---

1 梁思成.曲阜孔庙之建筑及其修葺计划[M]//梁思成.梁思成文集（二）.北京：中国建筑工业出版社，1984：68-69.
2 梁思成.蓟县独乐寺观音阁山门考[M]//梁思成.梁思成全集：第一卷.北京：中国建筑工业出版社，2001：217.

请德国魏玛大学的雷德（Raeder）教授来校讲授"欧洲城市史"课程。当时的金经昌先生、李国豪校长、冯纪忠先生都曾接受西方的教育，对城市遗产保护都有较深刻的认识。陈从周先生在古园林和古建筑遗产保护方面也有很深的造诣，他带领同济大学的学生测绘了苏州、扬州的古典园林和典型的苏州古民居建筑，1958年出版《苏州园林》一书。此后，苏州、扬州这两地的古园林和古建筑的保护与修缮，全倚赖他的珍贵调研资料。1960年，董鉴泓先生领衔编撰《中国城市建设史》，并教授此课程，使许多学生领略到中国历史古城的独特风采。我参加了这一时期的调查研究，并借此为20世纪80年代保护平遥等历史古城奠定了深刻的思想基础。

改革开放初期，随着经济的发展，城市建设速度逐步加快，一些历史城市的旧城区担负着政治、经济、文化中心的职能。在人口日益增长、保护意识淡薄的情况下，很多历史街区在大拆大建的浪潮中被改造成现代风貌。20世纪80年代初，冯纪忠先生提出了旧城保护理念，认为拆房重建与旧宅改造之间，新老结合的问题十分重要。他坚决反对推平重建的方法，提出城市旧区建筑不能丧失可识别性，应保护原有建筑风貌。对于上海里弄的发展，他提出不能采取单纯复制的消极办法，而应对旧里进行分析，积极地找出有益因素，将其转化成多种不同的设计处理手法。他认识到居住环境不仅仅是外在的、表象的东西，它在自身之内还包含居民的意志，是城市居民意志的一种物化体现。他指出文化会给予人们很大的道德与精神力量，"成为社会和环境重大变迁中的稳定因素，它将使得城市居民在这样的情况中仍有所信守，而不至于导致个人行为的异常和失调"[1]。冯纪忠先生在1979年指导我编制九华山风景区规划时，针对古寺庙的修缮明确地提出了"整旧如故，以存其真"的方针。他指出现在通常说的"修旧

---

1 冯纪忠, 王伯伟. 旧城改建中环境文化因素的价值和地位 [J]. 建筑学报, 1987（10）：48.

如旧"容易被人利用做假古董。"整旧如故","故"就要研究古建筑的历史原貌;"以存其真","真"是要把原真的东西保存好,这是我最早、也是最完整地听冯先生讲原真性的道理。"整旧如故,以存其真"全面而准确地阐明了原真性地修缮历史建筑的原则。

1980年在全国拆旧建新的建设浪潮中,我对山西平遥古城做出了"保护古城,另开新区"的城市规划方案。这个方案得到郑孝燮、罗哲文两位专家的赞赏和支持(图1-3),他们和我一起去了省城太原和平遥,及时制止了平遥古城拆毁老城的行为,开创了中国历史古城保护的先河。

1986年,在"保护古镇,开发新区"的古镇保护与建设方针指导下,周庄、同里、甪直、南浔、乌镇、西塘等江南水乡古镇得到了成功的保护,而平遥、丽江的成功保护更带动了我国历史城市的保护热潮,使人们对于历史城市的价值有了进一步的认识。

1990年以后,伴随着我国城市建设的迅猛发展,城市遗产保护得到越来越多的关注。但是,也出现了把保护与发展对立起来的现象:一些历史城市热衷于重修古迹,并把保护文化遗产当作发展旅游的途径,甚至本末倒置,为发展旅游而保护文化遗产。这一时期人们保护城市遗产的观念还十分模糊,原真性问题在中国还没有引起足够的重视。

1999年,阮仪三、王景慧、王林合著出版了《历史文化名城保护理论与规划》,针对当时公布的三批99个国家级历史文化名城提出了名城的保护内容与方法。这是我国第一本系统论及城市遗产保护的教科书。

21世纪以来,我国关于原真性的讨论逐渐增多,2001年张松教授出版的《历史城市保护学导论》系统论述了历史城市保护学的基本理论。但是,在我国的城市遗产保护实践中,人们对原真性理念的认识还不到位,原真性的内涵仍然没有得到真正的认同,对原真性的理解仅限于"原状"。在我国的城市遗产保护学术领域,对原真性的认识也远没有达成一致,对

一　城市遗产保护思想的发展变化

图 1-3　本书作者阮仪三（左一）与郑孝燮先生、罗哲文先生

于"历史的原初性"与"历史的变化性"还存在很大争议,这也是造成我国城市遗产保护实践误区的重要原因。我国在城市遗产保护中采取自上而下的实践方式,常常以行政命令或来自专业部门的权威理论淹没对原真性的理性追求,制约了对原真性问题的探讨,在这方面,西方针锋相对的激烈争论对于保护实践中的"原真性"会更有益处,值得我们借鉴。

4."不改变文物原状"不等于"原真性"

对比我国的"原状"与国际上的"原真性",原真性的核心在于城市遗产真实的历史信息,而我国的"原状"缺少"真实"的含义。我国大量的保护实践显示出人们对"原状"的理解更趋向于追求历史建筑"最初的状态"或者"最辉煌时期的状态",实际上这是在寻回一段已经断裂的历史状态,而非真实历史信息的传递。对"原真性"的理解应该是一个历史的过程,而非一个特定的历史状态——在一幢历史建筑上,可以反映唐代的原初状态,也可以有宋代的更改,甚至明代、清代的修补,它不是一个固定的时间点,而是多个时间点构成的一个连续的时间状态。只要这些时间的痕迹具有历史、科学和艺术价值,就需要保留。如果仅仅强调恢复到"最辉煌的时期"或"最初的状态",那么附着于遗产上的时间痕迹将被一个固定状态所取代,实际上它封闭了后代人继续解读历史信息的途径,更有可能破坏它现存的当代价值。我国的"原状"更多地从物质实体方面去考虑问题,这对于充满生活气息的历史街区和城市并不适合。对于动态遗产来说,"原状"具有很多局限性,很难指导具体的保护实践,我国在具体的保护规划中,人们应以更具普遍意义的"原真性"作为保护的基本原则。

另外,需要澄清的是:城市遗产的原真性与地方特性不可分离。一个地方只有具备了原真性的品质,才有可能表现出它独有的地方特性;反之,一个具有突出文化特性的地方,必然具有原真性的成分。当前,我国的历史城市存在大量再造"文化景观"的现象，实际上，历史原物与再造的景观有着本质的区别：前者展示历史上的真实信息，具有其所呈现的时效的特殊性，还强烈渗透着一个地方的文化精神；后者则是现代仿制品，在哪里都可以建造，不能完全真实地反映历史精神。一个地方的特性只有通过真实的、深层的和自然的形式才能得以展示。从这个意义上说，原真性对于地方特性来说极其重要，任何虚假的模仿和矫揉造作都显得过于肤浅，不能让居民产生地方认同感。在我国，遗产地旅游常常与原真性的保护有所冲突，实际上，保护城市遗产和发展旅游并不矛盾。人们保护城市遗产，总希望它有实际的使用功能，但是遗产地应该向游客提供真实的历史信息，以确保游客清楚地了解遗产地的特征。我们需要在保护的前提下发展旅游，它意味着对遗产地的游客量要有一定的限制，为防止古迹过早地衰亡，我们必须在古迹承载力范围之内使用它。

江南水乡古镇作为我国传统城镇建设的典范，其善于因借自然，依水成街，水陆相宜的建造理念，与现代城市建设中标准化、模块化的建造方式＋建筑技术是完全不相同的。水乡的建筑——水廊、水楼、水榭、水阁、水桥、水埠、水巷、水墙门、水戏台……将人与水的和谐相处发展到了极致，与水共生共荣，是最生态的和谐人居。

有人说，我到水乡去过，不就是小桥、流水、人家，这还不是千篇一律吗？我不禁要问："你真的仔细观赏过江南水乡古镇了吗？"确实都是小桥、流水、人家，但是由于其地理环境的不同，地方习俗的不同，生活方式的不同，历史文化因循的不同，再加上历史上从南宋以降，江南经济的繁盛，地方文化的发达，不但形成了各个古镇自己的农副产品和手工业生产的特色，而且形成了各自的特色风貌景观。

如周庄古镇是前街后河，前店后宅，家家临水而居，水巷绵延，桥楼相峙；同里古镇是恬静的居家市镇，大户人家都有花园——退思园、耕乐堂、珍珠塔园……是拥有世界遗产级名园之镇；甪直古镇因寺建镇，保圣古寺留存有唐代的泥塑，镇上小河一侧是店，一侧是宅，老茶馆、老药店、古戏台、陆龟蒙遗迹和坟墓……叶圣陶描绘的历史场景令人流连思索；乌镇人家枕水而居，木屋凌驾河上，家家卧听流水吟唱，在此还可寻觅文学大师茅盾、现代作家木心先生笔下的风情；西塘古镇沿河建筑廊棚，以遮蔽日晒雨淋；南浔沿河也有长廊，却是楼下廊，道道券墙门洞在河上形成独特的倒影。

每个古镇都呈现出其特有的风情和风貌，对于历史古镇，我们要充分认识到它们所拥有的风景特色资源。只有原汁原味地，也就是原真性地保护它们，它们才会保持历久弥新的魅力和生命力。

二、城市遗产保护的价值论

城市遗产保护面临着三个基本的问题：保护什么？为什么保护？怎样去保护？谈历史遗产的价值，就是要回答"为什么保护"的问题。价值是城市遗产所具有的根本属性，认识价值是城市遗产保护的依据和基础。人们对价值的判断和对历史的态度离不开一定的文化背景，因此会产生东西方文化遗产保护理念的差异。

国际上最早对古迹进行价值分析的是奥地利著名艺术史学家阿洛伊斯·里格尔（Aloise Riegl，1858—1905）[1]。里格尔是19世纪末20世纪初奥地利著名艺术史学家，被当代西方艺术史学泰斗贡布里希誉为"我们学科中最富于独创性的思想家"。他从哲学、历史学的角度反复辨析古迹的各种价值及其相互关系，对古迹各种价值与"为什么保护"之间关系的深入剖析实际上回答了价值与原真性之间的紧密联系。里格尔作为"遗产保护的先知"，第一次从遗产对人类意义的角度进行深刻思考，"为纪念物的价值认识建构了一个系统而完整的学说，以最全面、既关照历史又面对现代的思考，为19世纪以来关于历史保护观念的种种争议和困惑打开了一扇大门，使保护与修复实践有了易于明辨的判断平台。"[2] 里格尔的古迹价值论是在西方文化背景下提出的，但是这些精辟的论点对城市遗产保护来说像一块基石，具有一定的普遍意义，对今天中国的城市遗产保护仍然具有重要的启示。

---

1 里格尔（1858—1905），19世纪末20世纪初奥地利著名艺术史学家，维也纳艺术史学派的主要代表，现代西方艺术史的奠基人之一，被当代西方艺术史学泰斗贡布里希誉为"我们学科中最富于独创性的思想家"。在其理论名篇《古迹的现代膜拜：它的特征和起源》中，剖析了历史古迹保护中最根本的价值问题。
2 卢永毅.历史保护与原真性的困惑[J].同济大学学报，2006（5）：28.

1. 里格尔的古迹价值论

里格尔把古迹分为"目的性的"和"非目的性的"两种。"目的性的"古迹就是我们今天所说的"纪念物",是希望将某个人类事件留存于后人心中,是有"目的性"的建筑物。在我国这类建筑也很多,比如位于北京天安门广场中心的人民纪念碑,是为了纪念在解放战争和革命历史中牺牲的人民英雄。这种纪念行为可以追溯到人类文化的开端,体现出人类对重大事件记忆的一种心理需求,这样的纪念性建筑至今仍未停止。"非目的性的"古迹是无意而为之的,建造之初并不是有意识地要将它们作为艺术和文化生活证据留给未来,比如北京的万里长城在古代是一种防御性建筑设施,并不是作为纪念物以永存于后人心中而建的,但是今天由于其珍贵的历史价值,成为我们要传承给后代的纪念性古迹。

里格尔价值论中所指的"现代膜拜"对象主要针对"非目的性"历史古迹,因为对"目的性"古迹的崇拜古已有之。从对"目的性"古迹的膜拜到对"非目的性"古迹的膜拜是一个历史的进化过程,它是由人们对古迹价值的认识所决定的,它直接关系到人类对文化遗产采取怎样的保护方式:需要恢复原来的完整性和统一性还是让其自然发展?是否允许它的不完整?里格尔的回答是:依靠对古迹拥有者的价值取向来判断采取什么措施。

简要地说,**里格尔将古迹的价值分为两大类:往昔价值和现今价值,每一大类中又包含更细致的分类**。年代价值、历史价值和目的性纪念价值都属于往昔的价值,是对古迹历史的思考所显示出的价值;而使用价值和艺术价值是从现代人的角度去认识古迹,是给现代人所带来的价值,里格尔将其称为"现今价值",也就是"今天的价值"。各种类别的价值是相互关联的,每处古迹会同时具有多种价值,必须对其进行综合判断(表1-1)。

表 1-1 里格尔对古迹价值的分析

价值类别	内涵
历史价值	代表人类活动发展中某个历史阶段
年代价值	从最初状态到不完整的状态和每天的磨损
目的性的纪念价值	将某一时刻保存于后代人的意识中
艺术价值	对拥有者的美学价值
使用价值	建筑物的实用功能
新物价值	一件新的作品或新的状态
相对艺术价值	古迹对今天所具有的艺术价值

来源：根据《纪念物的现代崇拜：特性与来源》(The Modern Cult of Monuments: Its Character and Its Origin) 整理。

在历史遗产保护中，我们谈论最多的是"历史价值"。里格尔所定义的历史价值体现在古迹代表了人类活动的某个特殊的历史阶段，它所关心的不是古迹的变化过程，而是它作为一种人造物最初的状态，古迹保存越完整，其历史价值就越大。保存历史价值的目的不是要保持由于自然力给古迹所带来的岁月的痕迹，而是要维持它作为历史证据的一种真实性，因此就要尽量保持它的现状。但是，里格尔反问："我们真的只是欣赏一件艺术品的历史价值吗？"问题远远没有那么简单。"拿一座城堡的废墟来说，它没有反映出原初的形式、结构、内部房屋的布局等，参观者没有任何有关这些东西的联想。单单是这座城堡的历史价值，还不能解释现代观者对它怀有强烈兴趣的原因。"[1]

里格尔对古迹价值论的最大贡献在于他开创性地提出了古迹的"年代价值"。这位伟大的思想者意识到现代社会中人类缅怀过去的情感需要，要把历史与现代联系起来，他指出："历史古迹像一种催化剂触发了观者一种生命循环的感觉，这种瞬间情感力量的获得既不依靠学术知识，也不

---

1 陈平.里格尔与艺术科学[M].杭州：中国美术学院出版社，2002：319.

依赖于历史教育，因为它仅仅是由感官知觉引发的。"[1] 不管是受过教育的专家，还是普通的百姓，都会感受到这种力量，它像宗教情感一样具有普遍性。

古迹的年代价值体现于古迹从最初状态到不完整的状态和每天的磨损。年代价值包含时间的持续性，显示出历史古迹的蜕变过程，表现为大自然对建筑物表面的侵蚀、生锈甚至开裂，等等，这些现象不需要科学的、历史的知识来验证，人可以通过它的形式、颜色等视觉特征直接感受到。看到历史古迹上的衰败痕迹人们会感受到它的饱经沧桑，古迹像一位会讲故事的老人，让人去想象其中的韵味。保护年代价值的目的是保存古迹被创造出来以后大自然所追加的年代的痕迹，揭示建筑物发展历程和时间的进程，保护古迹生命历程中的种种变化，将干涉仅限于防止它过早衰亡所采取的必要手段。历史上"风格性修复"与"历史性修复"争议背后的根源是什么？由此我们似乎找到了答案。人们修建一座建筑需要它的完整性，可是从它建成之日起，自然界的风吹日晒就会一天天导致它走向衰亡。年代价值遵守自然规律，承认建筑产生—发展—衰败—灭亡的必然过程，如果要采取措施，那么仅仅限于防止其过早衰亡，允许它随着时光的流逝一点点地变化。年代价值反对那种一成不变的保护方式，更反对人为的粗暴干涉，反对根据人的主观想象对古迹进行增加、减少或替换，因为这样做不仅会导致古迹过早衰败，而且一旦超越一个限度，它给人的情感力量也将消失。

里格尔的另一个重要观点是：历史古迹应该具有一定的使用价值。人们保护古迹，总希望它有实际的使用功能，或者继续它的建筑功能，或者作为一种供人观看的景观。这个道理在今天似乎很容易理解，老建筑要有

---

1 Alois Riegl. The Modern Cult of Monuments: Its Character and Its Origin[M]. Translated by Kurt W. Forster and Diane Ghirardo. In: K. Michael Hays, eds. Oppositions 25. New York: Princeton Architectural Press, 1998: 621-625.

用，人们才会不断地维护它。一幢建筑，如果既失去了作为"建筑"的功能，又没有一定的景观作用，仅仅为存在而存在，无法激起人们对它保护的热情，那么它可能会很快消亡。

里格尔提出，古迹所具有的艺术价值是与观看者的审美取向有关的；艺术价值也与时间有关，应该根据一定时期内的审美取向来决定如何保护或修复。

里格尔认为，古迹的不同价值之间相互关联，也可能相互冲突。年代价值强调尊重自然，但不能走向了一个极端，尽管从年代价值的角度出发反对对古迹的人为干预，但是还是需要施行一定的措施以延缓其衰败的速度。正如罗斯金所说，人们要悉心呵护一座老建筑，"在它松散时，用铁箍把它箍起来，不要介意辅助措施的难看，拄着拐杖总比失去一条腿要好。在这样维护时，一定要温柔，要充满敬意，要持续不断，这样就可以在数代以后，子孙仍然在它的阴影下生生死死"。[1] 年代价值与历史价值的区别在于：从历史价值出发，就要避免古迹的衰败，其所关心的是古迹的原初状态和它的现状；从年代价值出发，就要承认古迹衰败是不可逆转的、是可以接受的事实，其所关心的是古迹的岁月痕迹。

在城市遗产保护中，保持古迹的使用价值常常与保护其历史价值、年代价值相冲突，有时为了使建筑继续能用而改变了它的内部或部分外观，在现实生活中，这样的做法屡见不鲜。那么该怎样平衡这些价值呢？里格尔认为："对年代久远的古迹我们关注的是历史价值，对年代较近的古迹，我们关注的是使用价值以及年代价值……如果使用价值与历史价值之间有冲突，在斟酌如何处理历史古迹时，应首先考虑与年代价值的基本冲突。"[2]

---

[1] [英]约翰·罗斯金.建筑的七盏明灯[M].张璘，译.济南：山东画报出版社，2006：175—176.
[2] Alois Riegl. The Modern Cult of Monuments: Its Character and Its Origin[M]. Translated by Kurt W. Forster and Diane Ghirardo. In: K. Michael Hays, eds. Oppositions 25. New York: Princeton Architectural Press, 1998: 621-625.

在对古迹采取什么样的保护方法的问题上,"艺术价值"和"年代价值"之间显示出强烈的冲突。19世纪在欧洲占统治地位的"风格性修复"实际上就是强调古迹的历史价值(风格原初性)和艺术价值(风格统一性),希望以完整的艺术形式传承历史建筑,恢复每一处破损的细节以获得完美的外观。这与年代价值观是相矛盾的,因为年代价值既不需要风格的原初性,也不强求外观的完整性。与"风格性修复"持相反观点的"历史性修复"更偏重于年代价值,强调历史的痕迹,承认其残缺的美感,但也是和艺术价值相矛盾的。里格尔敏锐地发现尽管艺术价值与年代价值之间有与生俱来的矛盾,但是两者也有可以调和之处,它来源于一种超越一切的审美的力量。由于年代价值需要古迹被持续不断地使用着,所以年代价值就要作一定的妥协,需要对古迹进行一定的修复以满足其使用功能,不管是视觉功能还是作为物质实体的功能,这样人们才有可能去欣赏古迹的美,也就是里格尔所指的相对艺术价值的呈现。

从现代的眼光来看,里格尔的价值论是一种普适性的理论,它从古迹本体和人类精神的意义论述古迹价值,对今天的文化遗产保护仍然适用。不管怎样,一个多世纪过去了,工业革命、信息革命给我们的世界带来了翻天覆地的变化,人们的精神世界、价值取向也在随之改变,人们对遗产价值必然会有进一步的认识。法国著名城市规划理论家萧依(Francoise Choay)在里格尔古迹价值论的基础上,结合现代社会的实际情况,扩展并深化了里格尔的价值论。

2. 萧依的城市遗产价值论

弗朗索斯·萧依(Francoise Choay)是巴黎大学和科内尔大学有关建筑历史和理论的荣誉教授,柏林艺术学会成员。1992年,她的论著《历史纪念物的发明》(*The Invention of the Historic Monument*)法文版出版,

1995年被法国政府授予"国家遗产最高奖金",2001年被译为英文出版。萧依以批判性的眼光回顾了欧洲历史古迹保护的思想发展进程,并结合现实情况,深入分析历史遗产在当代社会的寓意。

萧依将遗产的"其他价值"分为三个层级：认知价值(cognitive value)、经济价值(economic value)和艺术价值(artistic value),这些价值彼此关联。

萧依首先提出了具有教育性的认知价值——不管历史遗产属于哪个时代,它们无可厚非地是历史的见证者,因此它允许我们建立关于政治的、习俗的、艺术的和技术的历史多样性,同时满足理性研究的需求。"对于市民来说,历史记忆使他们获得了文化教育,激发了他们的自豪感和民族优越感,这将对人类记忆产生重要影响。"[1] 历史遗产和史学研究有着不可分割的联系,对古迹的研究奠定了新知识的产生基础。

在认知价值之后,萧依提出历史古迹的经济价值,主要表现在两个方面：一是它提供了一种"产业"类型,即生产,法国曾由于在英国的楔形木材工厂而带来国家收入的快速增长；二是旅游,历史遗产对游客产生极大吸引力,因此给国家带来巨大的经济收益。对历史遗产的崇拜促进了文化产业的产生,"文化失去了它作为个人成就的特点,变为一种商业,很快成为一种产业"[2],由此,历史遗产成为面对所有人的知识和快乐的散播者,同时也是需要制造、包装和面向消费者的文化产品。萧依将当前遗产保护领域比喻为一个不公平的、令人怀疑的"剧院",市长、建筑师、城市规划师、遗产管理部门拥有相当大的权利,以至于能够左右一处古迹或古城的命运。对于文化产业来说,历史建筑场景化的目的是将其转化为一

---

[1] Francoise Choay. The Invention of the Historic Monument[M]. Translated by Lauren M·O'connell, Cambridge: Cambridge University Press, 2001: 77-78.
[2] Francoise Choay. The Invention of the Historic Monument[M]. Translated by Lauren M·O'connell, Cambridge: Cambridge University Press, 2001: 142.

种表演，比如通过灯光和声音的介入来渲染气氛以产生历史遗产和参观者间的相互作用。在遗产最终变成经济产品的过程中，通过场景式的保护和再利用，使遗产附加了许多虚伪的、错误的信息，历史遗产的原真性受到了威胁。

最后，萧依提出历史遗产的艺术价值，并将其列于认知价值和经济价值之后，历史古迹给人带来的快乐体验源于一种美学意识。

除了对历史遗产价值的论述以外，萧依还提出了一个重要的观点——历史遗产的人类学意义。萧依认为："古迹的本质在于它与活着的时间和记忆的关系，换言之，在于它的人类学作用，其他是不确定的，因此也是多样的和变化的。"[1] 她深刻地指出，在现代社会，人们追求一种自我陶醉的方式，像一种病症，似乎人类社会的特色可以通过历史遗产和历史痕迹的叠加来建立。她把历史遗产比喻为一面巨大镜子的一部分，指出20世纪末的我们凝视着自己的形象，其结果是历史遗产建设性的功能被保护性的功能所取代，使人们致力于对一种面临威胁的特色的追忆。萧依将这种对自我形象强烈的、持续的追求称之为"疯狂的需要"：在当代不断变化的社会中人们无法找到自身的特色，于是开始求助于过去以使人们避开现代社会的焦虑和不确定性。

在现代社会，科技的进步使人与环境的关系发生变化。电话、网络等信息工具的发展削弱了人与物质社会实体的联系；人们不再像过去一样受地缘环境的限制，现在可以进行各种类型的建设。在科技带来无数进步的同时，也产生了负面效应：建筑和城市的地理环境被忽视；人与水、土、植被、气候等自然因素的联系在弱化；人们通过艺术博物馆、历史遗产来追求精神的陶醉，实际上是拒绝了一种创造的能力。

---

1 Francoise Choay. The Invention of the Historic Monument[M]. Translated by Lauren M·O'connell, Cambridge: Cambridge University Press, 2001: 7.

萧依强调这种能力的建立，她设想这种能力是联系人与自然以及自然规律的纽带，可是在科技网络时代这种能力正在逐渐衰退，而那种自我陶醉的方式恰恰阻碍着创造能力的焕发。萧依将这种"能力建立"称为"巧妙的力量"——它不排除历史的痕迹，但是蕴含着与天、地更直接的联系。萧依认为，要突破那种自我陶醉的感觉，只有通过在人类身体和遗产实体之间建立一种亲密的联系，唤醒人类的感觉和知觉，通过身体的触摸、耳鼻的听和闻、眼睛的观察，借助二维图像、照片等工具，重新认识人类空间及环境的形成。这样，历史遗产就不会在文化产业中成为一种非理性的、盲目的崇拜，它会成为重塑人类特色的宝贵源泉。当然，这种能力的建立不能仅仅靠几幢建筑的影响，也不能仅仅靠政府的宣传，它需要一种社会意识，不再把历史遗产仅仅当作自我陶醉的方式，而要从人类学的角度去理解历史遗产。它是面向未来的，要赋予历史古迹更加深远的意义。

对于城市遗产的价值范畴，近年来国际、国内的有关宪章文件都有一定的阐述。《威尼斯宪章》（1964）开篇指出：人民世世代代的历史古迹，饱含着过去岁月的信息留存至今，成为人们古老的活的见证。世界遗产公约（1972）第1条对"文化遗产"的定义是："文物""从历史、艺术或科学角度看，具有突出的普遍价值"；"建筑群""从历史、艺术或科学角度看，在建筑式样、分布均匀或与环境景色结合方面，具有突出的普遍价值"；"遗址""从历史、审美、人种学或人类学角度看，具有突出的普遍价值"。可见，遗产的历史价值、艺术价值、科学价值、社会价值以及人类学价值受到广泛关注。《中国文物古迹保护准则》延续了中国《文物保护法》中所确定的文物的"历史、艺术、科学价值"，并分别对历史价值、科学价值、艺术价值做了具体定义，认识到对文物价值的认识不是一次性完成的，而是随着社会发展，随着人们科学文化水平的不断提高而不断深化的。

对遗产价值的认识是建立文化遗产保护理念的基础,关于原真性的《奈良文件》并没有详细阐述价值的具体内涵,但是它提出了价值与信息源的关系,为历史遗产保护理念的评判提供了具体的操作方法。

三、城市遗产保护的历史性

遗产的历史性与其价值论一样,属于遗产保护的基础性问题,对它们的认识是城市遗产保护的依据和基础。追溯历史,我们注意到,城市遗产保护是在近代出现的。历史上当人们能够感到传统的缓慢延续时,并不会有意识地保护,当人们发现生活世界在时间上的巨大断裂时,就会产生一种保护的需求,希望通过保护来传承历史。文化遗产作为一种记忆的媒介丰富了人类世界(图1-4)。

1."遗产"与"记忆"

"记忆"是人类生理、心理活动的一种本质特性,人的一切活力与创造力都离不开记忆这个源泉。"没有这种历史知识,这种说过、做过事情的记忆,他的今日便要漫无目的,他的明日也要失去意义。"[1]"虽说比起以数百万年来衡量的自然时间,我们在其中用数十年和数世纪来衡量的人类历史时间是极其短暂的,但是,我们痛苦地意识到我们的记忆是有选择的和脆弱易变的。"[2]那么,什么能帮助人类克服记忆的弱点呢?

被称为"19世纪的历史建筑保护巨人"的英国艺术史学家约翰·罗斯金(John Ruskin)在1849年出版的《建筑的七盏明灯》一书中指出:"人类的遗忘有两个强大的征服者——诗歌和建筑,后者在某种程度上包含前

---

1 [美]卡尔·贝克尔. 人人都是他自己的历史学家[M]// 张耕华. 历史哲学引论. 上海:复旦大学出版社,2004:153-154.
2 张松. 建筑遗产保护的若干问题探讨——保护文化遗产相关国际宪章的启示[J]. 城市建筑,2006(12):9.

图1-4 意大利托斯卡纳

者,在现实中更强大。"[1] 他把建筑比作"记忆的明灯",它对过去真实反映的同时,也照亮了未来。

英国当代著名历史学家沃尔什在论述历史学中的真实性时指出:"记忆使得我们接触到过去,但并不给我们一幅对它的直接景观。因此,我们所能要求的一切就只是有一个与过去事件的接触点,使我们能够或许在某种程度上猜测到它们的真实形象,但又并非是对这两者进行比较,看出它们正确到什么地步,从而能够检查我们的重建工作。"[2] 文化遗产正是这样的"接触点",是人类研究历史的证据,它联系历史、现在和未来。建筑遗产可以让人用双手去感触,用眼睛去观察,"凡是通过感官印象储存起来的回忆,都比通过语言重复这种媒体储存起来的回忆更加具有无与伦比的直接性和真实性"。[3] 历史遗产是人类过去的见证,是人类历史记忆的载体。

2. 城市遗产的时间性

城市遗产作为历史的产物,与时间概念不可分离。时间的流逝引起建筑、街区和城市的变化,反映出社会、文化和环境的发展和变迁。城市遗产能够让人感受过去,联想未来,正是因为它所具有的时间属性。时间赋予城市遗产丰富的文化内涵,它让人能够根据历史的遗存读出人类的过去,时间的历程让城市遗产具有了特殊的意义。

历史建筑、街区或城市在建造之初是实实在在的物质实体,随着时间的流逝,历经百年、千年,历史建筑可能变成一片废墟,不存在了,但是,非存在的终点却又蕴含着存在的起点。我们会感到废墟常常给人以更加强烈的精神震撼,废墟也是一种存在,只是它存在的方式变了,由一种方式

---

1 [英] 约翰·罗斯金. 建筑的七盏明灯 [M]. 张璘,译. 济南: 山东画报出版社, 2006: 159.
2 [英] 沃尔什. 历史哲学导论 [M]. 何兆武, 张文杰, 译. 桂林: 广西师范大学出版社, 2001: 94.
3 [德] 阿莱达·阿斯曼. 回忆有多真实 [M] // [德] 哈拉尔德·韦尔策. 社会记忆: 历史、回忆、传承. 季斌, 等, 译. 北京: 北京大学出版社, 2007: 109.

的存在转化成另一种方式的存在。就像昔日的罗马斗兽场,今日成为人们参观的历史遗迹,已不具有其最初的功能,这是一种存在方式的转变。建筑、城市是一种现象,现象总是在变,"'变'不仅仅是物质形态的转换,而且是有无、存在和非存在这样一种转变"[1]。我们希望历史古迹给我们甚至我们的子孙后代留存更多的历史信息,就要减缓历史古迹衰亡的速度,所以我们要保护它;但是,减缓速度不等于改变它,这正是检验我们保护方法是否合理的一个基本尺度。把反映时间信息的存在保留下来,才算完成了历史使命,所以"保护应该仅仅维持一个建筑的某种状态,在这种状态下,它仍能经得起长期的变化,人不能把手伸回去,甚至无端地选择某一时期终止时间的进程"[2]。我们所要保护的物质实体重在它所体现的时间的痕迹,只有时间信息是真实的,它所反映的历史、艺术信息才会是真实的。时间和记忆与城市遗产有着最根本的联系。

3. 城市遗产保护的"实践哲学"

伽达默尔 (Hans-Georg Gadamer, 1900—2002) 是当代德国哲学的代表人物,他构建了当代西方哲学中最具影响力的理论之一——哲学诠释学,并实现了哲学诠释学向实践哲学的飞跃与统一。"何谓'实践哲学'?顾名思义,实践哲学乃是以实践为反思对象的哲学。"[3] 伽达默尔指出:"实践概念在科学时代以及科学确定性理想的时代失去了它的合法性。因为自从科学把它的目标放在对自然和历史事件的因果因素进行抽象分析以来,它就把实践仅仅当作科学的应用。但这是一种根本不需要解释才能的'实践'。于是,技术概念就取代了实践概念,换句话说,专家的判断能力就

---

1 叶秀山. 哲学要义 [M]. 北京:世界图书出版公司, 2006: 61, 81.
2 Lancaster, Osbert. What Should We Preserve[M] // Jane Fawcett. In The Future of the Past: Attitudes to Conservation, 1174-1974. New York: Watson-Guptil Publications, 1976: 69, 73.
3 彭启福. 理解的应用性与伽达默尔的"实践哲学走向"[J]. 哲学动态, 2005 (9): 23.

取代了政治理性。"[1] 他对实践哲学的论述更加注重对当代生活状况的反思，强调实践对现代科学的基础性地位。

伽达默尔强调人们在欣赏一件艺术品时，就是要进入艺术作品的世界之中，感受一种艺术的体验，在经历这个世界的过程中，观众不仅理解了艺术品的世界，而且发展了自我理解，这种理解对于历史艺术品来说具有关键的作用。"艺术的万神庙并非是一种永恒的将自己展示给纯粹审美意识的在场，而是历史地聚焦自身的心灵和精神的行动。"[2] 伽达默尔认为历史上的作品是不能与现代生活分开的，"当一件艺术作品从博物馆返回到它原来的位置或当一幢大楼恢复到它原来的状态时，当然会吸引旅游者，但它们并非真正被放置在其原来的环境中。"[3] 他认为历史精神的本质并不在于对过去的恢复，而在于与当代生活在思想上的沟通，历史的痕迹虽被保留在历史建筑内，但是它也应成为当代生活的一部分。

伽达默尔认识到现代科学技术导致了社会的非理性，从而缺少实践。他认为我们应恢复实践的概念，在实践中思考和理解经验；他倡导一种实践哲学，认为人文科学不同于自然科学，它与实践问题具有直接的相关性，关注现实的世界和现实的问题。伽达默尔认为，在我们当前的世界中，随着科学技术的进步，人和人之间的交流不再促进智慧的产生，我们的生活被技术所包围。伽达默尔用节庆、仪式来说明人类原始实践活动的范型，显示了人类的共存性和人类相互关联、相互影响的关系。

伽达默尔思想产生的时代背景与我们的时代十分相近，他看到了伦理知识与科学知识的巨大区别。在现代社会，人们更关注科技，传统和历史被置于较弱的位置。城市遗产保护既不是自然科学，也不是完全的人文学

---

1 [德]伽达默尔. 真理与方法：下卷[M]. 洪汉鼎，译. 上海：上海译文出版社，1999：73.
2 [美]帕特里夏·奥坦伯德·约翰逊. 伽达默尔[M]. 张世英，赵敦华，编；何卫平，译. 北京：中华书局，2003：25.
3 [美]帕特里夏·奥坦伯德·约翰逊. 伽达默尔[M]. 张世英，赵敦华，编；何卫平，译. 北京：中华书局，2003：33.

科，但是毋庸置疑，它是和我们的"生活形式"不可分离的，从这个意义上来说，伽达默尔的实践哲学对认识城市遗产保护的原真性具有重要意义。

价值和历史性是城市遗产保护的根源，也是认识原真性的核心内容。多年来，不同国家对原真性理解的差异正是由于其不同的文化背景所决定的，一定的地域文化经过长期积累形成了其特有的价值观，它将决定人们采取什么样的保护方式对待城市遗产。但是，从另一方面来看，时间属性是文化遗产保护的根本所在，站在这一理论平台上，我们似乎又能找到国际上追求保护原真性的真正原因。

至今，不仅在我国，而且在世界范围内，城市遗产保护的原真性问题仍然充满了激烈的争论，这说明原真性本身是一个极其复杂的概念，不同地域、不同时间，人们对原真性的理解都可能存在很大的差异。如今，文化多样性已经得到世界范围内的一致认可，在城市遗产保护领域，也同样要尊重不同国家和地区的历史和文化。当近年来我国城市遗产保护中出现的种种思潮和现象不仅反映出人们对原真性核心理念的忽视，并且因此导致实践中产生了种种保护的误区；不仅劳民伤财，而且不利于我国历史遗产保护事业的长远发展。这需要我们进行深刻的反省。

保护的"误区"

四、"重建"

历史古迹消失了该不该重建？这是一个学术界探讨已久的问题。根据《世界遗产公约》的规定："考古遗址或历史建筑及地区的重建只有在极个别情况下才予以考虑。只有依据完整且详细的记载，不存在任何想象而进行的重建，才会被接纳。"（《世界遗产公约》第86条）一般情况下，重建的建筑是不能被列入"世界遗产名录"的，但是有一个特例，虽然古城整体重建，但是1980年世界遗产中心将其列入世界遗产名录了，它就是波兰的华沙古城。世界遗产委员会是这样评价它的：严格按原样重建，表明了波兰保留传统文化环境的真切心情……

回望我们的城市中出现的重建与复原建筑，是否符合国际文化遗产保护的要求呢？进入20世纪90年代以后，随着我国城镇建设高潮的来临，出现了大量的历史古迹修复与重建工程——修复城墙、重建寺庙、再造佛塔等。今天，中华大地上，人们可以在许多城市找到这些重建的建筑，或者被贴以"风貌保护"的标签，或者以"文化传承"的名义，似乎有了"重建的古建筑"就有了"历史文化"，这个等式成立吗？为何大量的重建建筑根本没有申请"世界遗产"的资格呢？其根本原因在于三个非常重要的字：原真性。在国际上，原真性原则是检验城市遗产保护成功与否的基本原则，这是保护的核心问题。

1. 雷峰塔现象

杭州雷峰塔和中国四大名楼——滕王阁、黄鹤楼、岳阳楼、鹳雀楼一样，都是按旅游景观的需要和使用的要求重建的仿古建筑，具有重要的景观作用。但现实中，很多人没有透彻分析雷峰塔，将其误解为古建筑的复原，纷纷效仿，以致出现了"雷峰塔现象"，盲目重建已经消失的历史建筑，片面追求文物古迹的完整性而忽视了其原真性。

历史上的雷峰塔，始建于公元977年的吴越末期，是一座典型的八面七层砖木结构楼阁式塔，后经战乱遭到破坏。南宋乾道七年（1171）重建，采用砖塔心、木外檐的砖木混合结构，木构部分在明代被入侵的倭寇烧毁，只留下砖塔心（图2-1）。1924年雷峰塔轰然倒塌，残垣断壁，碎砖瓦堆积成一座小山丘。后经考古发掘，发现"塔基、副阶保存基本完整，砖砌塔身的底层局部保存也比较好，地宫则保存完好。遗址中，出土了大量《华严经》刻石的碎块、带有铭文的砖塔、塔身的建筑构件、石质菩萨造像等佛教文物"。[1]

2002年，雷锋新塔建成，新塔横跨原有遗址而建，以南宋重建后的塔为形象依据，建造成一座平面八角形的五层楼阁式塔（图2-2）。新塔采用钢结构，塔内中央部位设有垂直升降式电梯，塔的下部采用当代大跨度的技术，遗址上设有玻璃防护罩保护遗址。新塔大量采用铜材料，屋面以铜瓦铺设，转角处设铜质斗拱。

主持雷锋新塔设计的清华大学郭黛姮教授指出："雷峰新塔是在新的历史条件下和社会背景中新建的景观建筑，绝不等同于对已经倒掉的雷峰塔的'复原'……新塔在隐含历史影像特征的同时，采用了现代的材料、技术和一些区别于古建筑的特征，以避免传达虚假含混的信息，混淆历史

---

1 张建庭，王冰. 千年胜迹雷锋塔[M]. 杭州：杭州出版社，2002：39.

图 2-1 雷锋塔历史图片

图 2-2 新雷锋塔

的真实性。"[1] 这意味着雷锋新塔属于带有创新性质的建筑设计，而非历史古迹保护的范畴，从这个意义上看，无法用文化遗产保护中的原真性来衡量这幢重建的新建筑，因为不属于文化遗产保护。但是，雷锋新塔同时具有另外一种身份，就是作为古塔遗址的保护性建筑，它罩住了原来的塔基，使老塔不再受到风雨的侵蚀（图2-3）。

图2-3 雷锋新塔内保护的遗址废墟

可见，今日的雷锋新塔具有双重身份：一是作为遗址的保护性建筑。雷锋古塔倒塌之前，它那突兀凌空的沧桑之态就是它的真实状态，而在1924年9月25日雷峰塔倒掉之后，它的存在方式已经变为一片废墟。这片"废墟式"的遗址于1997年8月被评为浙江省级文物保护单位。在国外也有类似的遗址保护工程，也同样将遗址置于玻璃罩下加以保护。不同的是，国外的做法是将玻璃罩直接置于自然之中，很简单，却保持了遗址与其环境的联系。处于自然环境中的雷锋塔废墟和在雷锋新塔与玻璃罩双重保护下的废墟会给人以不同的感受，前者有更多的震撼力量，体现着岁月的痕迹。可见，如果将雷锋新塔仅仅作为遗址的保护性建筑来看，雷锋塔遗迹博物馆式的保护方式使遗迹的年代价值受损。把遗址与它所处的外部环境相隔，站在遗址的玻璃防护罩前，人们已经感受不到曾经与它相依相存的山峦和树木郁郁葱葱的景象，原有废墟那种苍凉空灵之美已经不见了。

二是作为新时代的景观建筑。建成后的雷锋新塔成为杭州的标志性建

---

[1] 郭黛姮，李华东. 杭州西湖雷锋新塔[J]. 建筑学报，2003（9）：51.

筑之一。雷锋新塔与遗产保护没有关系，而是基于景观需求的重建。对于这类景观建筑，就不能用原真性的标准来衡量，同时也不能以原真性为由束缚人们对它们的情感追求。郭黛姮教授指出："雷峰塔的重建不应以文物建筑的性质而论，但它同时又是一种不丢掉历史信息而重建的例子，其性质属于景观建筑，并具有保护原有历史信息的性质。"[1]在这种双重身份下，雷锋新塔难以达到保护与景观要求的完美统一，只是二者平衡与妥协的结果。

我们需要了解雷锋新塔的建设背景：据介绍，雷峰塔重建以前，杭州人民群众多次呼吁重建雷峰塔，以弥补西湖南线景观的缺失。著名建筑学家梁思成先生明确表示雷峰塔应该重建，宜恢复原状，即明嘉靖以前形式。1980年，陈从周先生撰文，为重建雷峰塔大声疾呼，认为应该重建雷峰塔，恢复一个著名西湖风景点。杭州市委、市政府认为重建雷峰塔是西湖风景区建设中的一项重要工程，对于提高杭州在国内外的知名度，改善和促进杭州旅游事业和第三产业的发展均具有重要作用。

可见，无论是专家还是政府，都把景观功能和旅游功能放在雷峰新塔建设的第一位，这说明雷锋新塔建设的主要目的是满足西湖景区的景观需要，而不是古塔遗址的保护。显然，这种以景观需求为主要目的的新建仿古建筑已不属于文化遗产保护范畴，因此也无法用原真性原则加以衡量。但是，它却对我国的文化遗产保护实践造成了很大影响，引发了到处都重建已经消失的历史建筑的风潮，而且混淆了保护历史文化遗产和新造所谓"历史景观"两个概念。

2. 胡雪岩故居的重建

胡雪岩故居是20世纪90年代以来修复和重建工程的又一个经典案例，

---

[1] 郭黛姮.关于文物建筑遗迹保护与重建的思考[J].建筑学报，2006（6）：23.

因其耗资巨大，影响范围广，带动了我国文化遗产保护界关于古建筑修复和重建的广泛讨论，引起了国内关于《威尼斯宪章》是否适合于中国文化背景的热烈争论。

胡雪岩是中国近代商界的奇人，虽出身寒微，生逢乱世，却通过办实业、搞洋务，从一个钱庄伙计变成富可敌国的商人。胡雪岩故居位于杭州元宝街，始建于1872年，历时3年，1875年竣工。故居内建筑工艺精湛，既具有中国传统特色，又带有西方建筑风格的色彩，整个建筑群占地面积约0.7公顷，建有13座楼和一座园林——芝园。从1999年开始，杭州市政府下决心对故居进行抢救性维修，耗资6000万元，于2001年初告竣开放。重建后的胡雪岩故居在布局上保持了江南园林曲折变幻的空间韵味，对留存建筑进行了修复，对已消失的建筑进行了重建，将整个院落恢复至故居初建时的面貌。

修复前，院内有138家住户。由于居住人口多，存在大量改建、拆建和搭建现象，院内水池已被填平，芝园基本被毁坏，在大假山处有一座5层楼房，院内保存较完整的建筑约占原有建筑的一半，宅院四周的外围墙保存较好（图2-4）。1999年拆迁后，将40余年加建的建筑拆除，还原了历史的面貌。此时同样面临着"保残"还是"复原"的历史性问题，是留住岁月的痕迹还是将其修复和重建为历史上完整的状态？胡雪岩故居工程选择了后者。

胡雪岩故居的修复依据主要包括：故居内留存建筑的测绘资料和通过考古获得的地下遗存实物材料；1920年沈理源主持测绘的《胡雪岩故宅平面略图》；《胡雪岩外传》中对胡府建筑的描写；原建筑面貌的老照片、少量图纸；住户的回忆；故居毁坏前目击者的回忆资料以及现存的胡庆余堂建筑群。

修复工程实施过程中，对故居留存的老建筑，如新七间（清雅堂），

图 2-4 杭州胡雪岩故居 20 世纪 90 年代拆迁前的状况

图 2-5 重建后的红木厅

较好地保留了原有建筑构件，油漆前，可以清晰地识别新添加部分与原有部分，油漆后的现状则较难区分新与旧的关系，这也是当前我国学术界对"可识别原则"中国适用性问题争议的关注点之一。对已毁的历史建筑，如红木厅（延碧堂），仅有少量遗存，其复原设计的主要依据是沈理源主持测绘的《胡雪岩故宅平面略图》和考古发掘的遗迹，同时参考了早年在红木厅居住者的回忆，立面设计主要以周边相关建筑洗秋院(花厅四)和同时代的建筑胡庆余堂为参考依据（图2-5）。对园林的修复，主要依据沈理源的实测图、老照片和考古清理的遗址，其中不可避免带有现代人的推测。

修复后的胡雪岩故居尽可能采用了与历史原物相同材质的材料，如主体建筑大量采用木材，比较真实地反映出原有建筑材料的特点，但是，材料选择方面也存在一些问题，如新的五彩玻璃色彩艳丽，与原有玻璃给人的感觉相差较大。另外，一些旧有装饰显示出与复原后较明显的差异；故居复原建筑的立面设计由于缺少图纸资料，更多的是人为推测；胡雪岩故居与城市的道路相邻，尽管故居周边修建了一些低层传统建筑，但是整体上故居的外部历史环境已被破坏。

经修复和重建的胡雪岩故居具有一定的历史、艺术和使用价值，但是必须明确的是，复原和重建后的历史价值和原物的历史价值是相差极大的。很多人更乐于把文物古迹修复成完整的、最初的状态，胡雪岩故居就是这样的实例，其结果就是丢失了古迹的年代价值。

从历史的角度来看，修复和重建后完整的胡雪岩故居反映了其最辉煌时期的状态，但是其历史层次消失了，如洗秋院山墙被修复成崭新完整的状态，时间的信息在修复和重建的过程中被淡化了（图2-6，图2-7）。当我们看到这座古老的宅院时，看不出它的真实年龄，梁思成先生在探讨赵州桥的修复中指出要保存这座桥外表饱经风霜的外貌是完全可以做到的，

图 2-6 杭州胡雪岩故居洗秋院(花厅四)修复前

图 2-7 杭州胡雪岩故居洗秋院(花厅四)修复后

但是"今天我们所见的赵州桥,在形象上绝不给人以高龄1300岁的印象,而像是今天新造的桥,形与神不相称"。[1] 胡雪岩故居也有同样的问题。

原来的胡雪岩故居,在拆除、改建的过程中,其整体的生命中止了,但是我们尚能看到一些原始构件、原有的院落结构和空间秩序,还有过去存在的气息。经过重建,它又获得了新的生命,是现在的产物——现今的建筑实体填补了已消逝的历史建筑的空位;它的实际功能也变了——原来是红顶商人胡雪岩一家的居住场所,现在是供人们参观的博物馆。虽然在人们意识中,它仍然是历史名人的故居,但已是用现代人对历史的理解来诠释的过去。

3. 人们对重建或复制的评价

人们对重建或复制褒贬不一,归纳起来主要有以下四种观点:

(1) 认为重建具有一定的科学性。杨鸿勋先生认为文物复制品具有一定的科学价值和艺术价值,他提出"模型保护"的理念:"对于已遭毁坏而有保存价值、又有复原依据的历史建筑予以重建,作为文物复制品的科学模型再现于世,是具有体现历史风貌作用的。这种科学复原被视为一种保护方法,称作'模型保护'。"[2] 他认为"模型保护"能够体现历史风貌,在科学复原考证基础上重建的历史建筑,不可与假古董同日而语。北京市古代建筑设计研究所所长马炳坚认为,对于"重建"的问题,中西方的情况是有所不同的:"西洋古建筑多以单体为主,一座教堂,一座神庙就是由一座单体建筑构成的,这座建筑如果没有了,这座教堂或神庙也就不存在了。对于已不存在了的建筑,当然没有必要再重建。中国的情况则

---

[1] 梁思成. 闲话文物建筑的重修与维护 [M] // 梁思成. 梁思成全集:第五卷. 北京:中国建筑工业出版社, 2001:441,446.
[2] 杨鸿勋. "生命印记":历史名城保护的关键——由明北京城垣拆毁所引起的思考 [J]. 现代城市研究, 2001, 68(1):9.

有所不同。中国的宫殿、寺庙、陵寝等都是由建筑群体组成的。任何一座宫殿、一座寺庙、一座陵寝都是一个建筑群。"[1] 马炳坚先生认为应根据已损毁的古建筑所处的环境、地位，对建筑群体的作用以及文物建筑群体的完整性、原真性来分析和评价已毁文物建筑能否重建。清华大学的吴良镛先生认为严谨态度下的重建可以创造出为后代喜爱的地标。他指出：文化遗产保护并不强调重建，应尽量保护原有的历史建筑本身，但在特定的情况下，如对史实进行了认真的研究，精心规划设计，重建可能还会增添城市的风采[2]。他列举了一些历史古迹重建的实例，如绍兴兰亭，原址已被淹没，明代在天章寺遗址上重建兰亭，从今天的视点来看，它们是珍贵的遗产。

（2）认为重建具有一定的社会价值。东南大学朱光亚教授认为复原虽然失去反映历史建筑在过去的年代里积累的历史价值，但基于社会强烈需要的复原则可以满足社会成员的情感和精神需求，具有极大的社会价值。他认为："无论在中国历史上还是现在，复原和重建的主要推动力是其社会价值，或者说是为满足社会成员情感、心理及相关活动的需要，而并非刻意要再现历史甚至伪造历史。这些复原和重建的建筑物固然没有最基本的历史价值，不能被列入建筑遗产的范畴，甚至不属于严格意义上的建筑遗产保护的范畴，但其对现代社会的巨大作用构成了其存在的合理性。在不损害其他建筑遗产价值，不故意混淆历史的前提下，根据其社会价值的重要程度，可以允许少量的复原和重建。"[3] 由于一些复原或重建的建筑具有重大的社会价值，在数百年以后，同样会成为建筑遗产的一部分。

（3）认为因重建损毁了历史价值而使文物存在的意义被严重削弱。梁思成先生指出："把一座古文物建筑修得焕然一新，犹如把一些周鼎汉

---

1 马炳坚.《威尼斯宪章》与中国的文物古建筑保护修缮 [J]. 古建园林技术，2007（3）：37.
2 吴良镛. 文化遗产保护与文化环境创造——为2007年6月9日中国文化遗产日写 [J]. 城市规划，2007（8）：15.
3 李建新，朱光亚. 中国建筑遗产保护对策 [J]. 新建筑，2003（4）：39-40.

镜用桐油擦得油光晶亮一样,将严重损害到它的历史、艺术价值。"[1] 王景慧先生从历史信息的角度提出:"只要文物古迹的原物存在,对它的信息的认识和解读是无穷无尽的。而原物不存在了,对信息的解读也就终止了。人们可以复制一个文物,但复制所保留的只能是我们已经认识到的信息,对我们尚未认识的信息在不经意间已经丢失了,也就不可能再有新的发现了。"[2] 刘临安先生认为重建的建筑没有历史见证作用,他在介绍欧洲文物建筑保护新观念时指出:"关于重建,特别是在历史原来遗址上的重建,当前的观念是不赞成的。尽管现代技术手段可以使这种重建达到出神入化的地步,但它充其量也只是风格形式的佳作,是现代的模仿作品,丝毫没有历史见证作用;相反,正是这种重建有时会混淆或改变我们对建筑文化的正确认识和理解,甚至误导我们对历史文化的研究。"[3] 保护的要素之一就是文物建筑的存在性,要求保护它所负载的历史信息,而不应强调那种试图通过修复来恢复历史文物建筑形式的做法。

(4) 认为重建盲目追求完整性而忽视原真性。作为国家历史文化名城研究中心的成员,我认为:对古迹遗址的修复和重建,与中国文物保护法规中尊重现存实物遗存以及保护文物古迹的原真性原则都相去甚远,严重影响了人们对于文化遗产保护的正确认识和评估。全国各地在真的、假的遗址上,在文物古迹中,在历史街区中,随处可以看到城墙、亭台楼阁起来了,护城河重新开挖了,这些做法追求文物古迹的完整性,忽视了文物古迹的原真性,其实质是降低了文化遗产的价值。著名作家冯骥才先生认为复原使历史建筑失去了时间的印记,他指出:时间在每一件古物的体内都留下了美丽的生命的年轮,凡是懂得这一层美感的,就绝不会去将古

---

1 梁思成. 闲话文物建筑的重修与维护[M] // 梁思成. 梁思成全集:第五卷. 北京:中国建筑工业出版社, 2001:441, 446.
2 王景慧. 为何要在原址上保护古建筑[N]. 光明日报, 2006-12-27.
3 刘临安. 当前欧洲对文物建筑保护的新观念[J]. 时代建筑, 1997(4):43.

物翻新,甚至做更愚蠢的事——复原。他在参观古希腊的历史古迹时发现,原来"时间隧道"就在希腊人的石头中间,在时间隧道里,人似乎可以触摸到消失了数千多年的时间。复原的建筑是无法让人体会时间隧道的。同济大学常青教授指出:"建筑遗产的'真实性'是一种对既存事实及其演变过程透彻理解下的价值判断。因而以审慎和尊重的态度,客观看待建筑空间演变中的各种变动,分而处之,往往比缺乏依据的'重建'更为明智。"[4] 他将建筑看成一种生活的空间,把建筑空间的演变看作一种动态的人类生活史。在这种视角下,就应关注不同历史时期的痕迹,对残缺的部分不一定要复原,重要的是拉开时间的层次,寻求一种对比中的和谐。

以上专家学者从不同的角度提出了对于历史建筑修复与重建的看法,产生这种分歧的关键在于价值观的差异——是偏重于历史价值,还是偏重于科学价值和社会价值。赞成修复与重建的专家主要是从科学、艺术、情感的角度出发,而反对者主要关注历史的真实性。

从原真性出发,由于重建的建筑是经现代人的手所建,是当代的新建物,它无法表达历史建筑从最初状态,经过日复一日的磨损所获得的沧桑感,不可能带有岁月的痕迹,因此它是无法体现文物年代价值的。原真性强调历史建筑饱经沧桑的痕迹,关注建筑是否能真实地反映历史,而不在于其本身的完整程度。历史价值和年代价值是历史文物的根本价值。陈志华先生在《文物建筑保护中的价值观问题》一文中指出:我们当今在文物建筑保护领域里起重大作用的理论是未经培训的普通建筑师的观念,也就是主要甚至单纯从审美的角度去看待文物建筑,而没有意识到它们的历史真实性才是它们的价值的根本。他把历史信息的真实性称誉为文物建筑的生命。[5]

---

4 常青,王云峰.梅溪实验——陈芳故居保护与利用设计研究 [J]. 建筑学报, 2002 (4): 25.
5 陈志华.文物建筑保护中的价值观问题 [J]. 世界建筑, 2003 (7): 80-81.

四 "重建"

当然,对于重建建筑价值的评判,不能一概而论,需要针对每一个具体实例区别对待。比如对于学术界中广泛争议的圆明园保护方法问题,对它修与不修的争议反映了对待文化遗产的态度。我国还有许多与圆明园一样具有重要价值的历史遗存,如北京的长城、天坛、颐和园,西安的大明宫、阿房宫、兴庆宫,等等,同样存在着与圆明园相似的对保护方法的争议。对遗产原真性的理解是决定采取何种保护方法的关键因素。就价值来看,一方面圆明园汇集了中国高水平的古典建筑、古典园林,时至今日,大的山形水系、景观空间格局依稀存在,体现了较高的文化艺术价值,显示出中华古典文化曾经的辉煌;另一方面,圆明园的劫难和衰败记载了清朝统治的腐败和列强给中华民族带来的深重灾难,具有记录历史屈辱、警示国人的历史价值。这两种价值在一定的层面是矛盾的,带来对保护不同的理解。圆明园作为遗址,它的焚毁和破败在中国历史上的地位,在中华民族屈辱史和解放史上的重要性,要高于圆明园自身存在的意义,所以圆明园的历史价值要高于其文化艺术价值,对圆明园的保护应建立在对其历史价值的原真性保护之上。

从遗产的历史性来看,重建代表了一种崭新的状态,虽然它想表达的是历史的信息,但它是经现代人的手,融入现代人的思想而产生的有别于历史原物的一种状态。罗斯金强调属于建筑生命的东西是不可能复原的,他指出:"只有工人的手和眼才能赋予的那种精神,永远也不会召回。在另一个时间,也许会赋予另一种精神,那时就成了一幢新建筑;然而其他的手和思想是无法召唤和控制已逝的工人的精神的。"[1] 重建的新建筑在形式上可能很完美,可是在拆除老建筑的时候,也将建筑所拥有的古老精神一同拆除掉了,千百年后,现在的新建筑也可能成为文物,但它所代表的

---

1 [英]约翰·罗斯金.建筑的七盏明灯[M].张璘,译.济南:山东画报出版社,2006:174.

精神却很模糊，因为它无法展示建筑古老的灵魂，"使用新材料的重建暗示着结果将是产生一栋新建筑，这就意味着历史原真性的丧失。重建，尤其是大规模的，可能导致对遗址的曲解"[1]。

现实中，我们也不能完全否定重建，有些特殊情况，重建也是可以接受的。同济大学的常青教授指出："对于废墟的复原性重建一定要具体问题具体分析。反对新建筑仿古或废墟上胡乱复原，就鄙视任何情况下的复原性重建，把两者混为一谈是形而上学的。"[2]科学的重建必须对原物的形制有足够清晰的依据，在中国的文化背景下，下面三种情况可以考虑重建：

（1）历史上对建筑原物的修改变动不具有文化价值，可以忽略其历史痕迹，进行重建。比如梁思成先生制定的杭州六和塔修复计划是将清代的十三级塔恢复为七级塔。这也是一种重建，但是梁思成先生所处的是20世纪30年代，距六和塔1900年重修仅过了30余年，他认为清代所加部分是不成功的[3]。当时对清代建筑的价值判断与我们今日的判断标准有很大区别，清代对我们现在来说是久远的，但对当时来说却是刚刚逝去的时代，所以它的历史价值并不突出，而且六和塔的地理位置决定了它重要的景观作用[4]。因此，六和塔的复原计划有其时代背景，有其特殊地理位置的要求，不能通用我们今天历史建筑的保护原则。

（2）传统建筑空间的整体性要求。如果重建能够提高建筑群体的整体性，对缺失部分的填补是可以接受的。我国建筑群体组合的主要形式源于四合院，庭院组合具有严谨的几何式对称布局，体现出场所的整体性。如果现状中大部分建筑保存完好，仅有少数建筑被毁，是将整个建筑群按

---

1 [英]费尔登·贝纳德.世界文化遗产地管理指南[M].刘永枚，等，译.上海：同济大学出版社，2008：86.
2 常青.历史建筑修复的"真实性"判断[J].时代建筑，2009，107（3）：118-121.
3 梁思成在《杭州六和塔复原计划》中指出：六和塔的现状"实在是名塔莫大的委屈"。
4 六和塔位于钱塘江边，梁思成先生写到："钱江铁桥，北岸桥头就在塔下里许，将来到江来杭的旅客，到此岸所得第一个印象，就是此塔，其关杭州风景古迹至为重要。所以我以为不修六和塔而已，若修则必须恢复塔初建时的原状，方对得住这钱塘江上的名迹"。
梁思成.杭州六和塔复原计划[M]//梁思成全集：第二卷.刘致平，校注.北京：中国建筑工业出版社，2001：355.

原有布局修复完整，还是保持现有的不完整院落的实践抉择中，我国通常的作法是选择前者，即保证整个建筑群的完整性。值得注意的是，为维持整体性而进行的重建，必须对整体环境构成有客观真实的依据，确保补建后能够增进建筑群整体的价值，并且重建的建筑必须与原有建筑在和谐统一的前提下加以区分，不能鱼目混珠。整体性不能以牺牲文物的历史价值为代价。

（3）出于景观功能的重建。中国四大名楼和雷锋新塔都将建筑的景观功能置于第一位，其中滕王阁初建于公元 653 年，至 1989 年已经重修重建过 29 次；武汉的黄鹤楼也已重建 27 次。基于景观需求的重建不是遗产保护。

美国纽约大都会艺术博物馆也是重建的典型案例。1978 年秋美大都会博物馆拟建中国明代家具陈列馆，求教于同济大学专家。陈从周先生建议将苏州网师园的殿春簃移植过去，具体技术工作主要由同济大学建筑系毕业生、当时任苏州园林局工程师的邹宫伍负责，在苏州制作好后运送到美国，在美国现场进行安装，取名为"明轩"。建筑面积 188 平方米，主要建筑有三间厅屋。屋前有一典型中国古典园林特色的庭院，占地约 400 平方米，内有假山、清泉、半亭、曲廊、门厅和门廊，种植着竹、梅、芭蕉、芍药等中国传统园林观赏植物。明轩尺度不大，但十分秀丽，厅堂里布置的中国传统明代家具与明代遗存式样的园林建筑环境完全贴合，深得参观者喜爱。在美国最著名的博物馆里的明轩像一个窗口，展示了中国古典园林深厚的文化内涵及精湛的建造技艺。它也属于重建，而且不在原地，只是艺术展览的需求，在当今还不具有历史文化遗产价值，却也传递了一定的历史文化的信息——前提条件是这个"明轩"做得很地道，无论从用料和施工建造都能一丝不苟地充分显示中国明代园林建筑的形态和内涵。如果仿古建筑粗制滥造，无根无据，徒有其表，就达不到传达历史信息的作用了。

我们分析雷峰塔重建的价值和历史性并不是企图推翻其存在的合理性，只是希望澄清其中保护和重建的背景以及文物保护的价值取向，希望不要盲目效仿。实践中需要确定每一个项目的定位，始终以人类的长远利益为出发点，不能仅仅为暂时的经济利益或城市形象问题进行历史建筑的大规模重建。

4. 修复与重建现象背后的问题分析

关于历史建筑的重建，国内外都已有许多相关的规定，如《雅典宪章》第1条："摒弃整体重建的做法，以避免可能出现的危险"；《威尼斯宪章》第15条："对任何重建都应事先予以制止，只允许重修，也就是说，把现存但已解体的部分重新组合"，《世界遗产公约》指出："只有依据完整且详细的记载，不存在任何想象而进行的重建，才会被接纳"；我国《文物保护法》第22条规定："不可移动文物已经全部毁坏的，应当实施遗址保护，不得在原址重建"，在特殊情况下，经过严格的审批制度，获得批准后可以实施重建。从国际、国内的相关规定可以看出，重建并不是被赞成的保护方法，即使重建，其条件也是相当苛刻的。那么我国为何又出现了再造城墙、重修庙宇等众多的历史建筑重建工程呢？这与我国的传统文化背景及当前的社会心理息息相关。

一方面，中国传统意义的价值观在艺术审美上追求形式的完整统一，人们更愿意看到历史建筑完整辉煌的状态，而不愿意接受它残缺不全的颓状，因此，对于是科学保留残损现状还是完整进行复原性重建的问题，人们更愿意选择后者。还有人以日本的伊势神宫为例来证明重建的合理性。伊势神宫是敬奉日本天皇祖先的圣地，包含着古老的信仰和延续千年的传统营造方式，这正是其原真性的核心所在，因此，日本的伊势神宫不具有普遍性。在我国，没有哪一幢建筑的营造方式被准确无误地传承下来，而且，人们已没有对古老帝制、古老王朝的特殊崇拜，城市遗址更多的是见证历史的文物，而不是作为一种精神、一种制度而存在，由此，伊势神宫并不能成为我国众多历史建筑重建的理由。重建所表达的"完整性"与"原真性"是不能等同的，只有历史的构件才能反映历史的真实性，而重建必然采用大量新构件，这是与原真性相悖的。

另一方面，随着近年来我国经济快速发展，当代社会出现了一种文化危机意识，导致了对传统文化的需求。在这种情况下，重建历史建筑能够满足人们怀古的心理需要，让人们感受到一种历史情景的幻觉，即使它未必真实。一些地方政府还以此为政绩，在这种情况下产生的重建建筑，可能具有宗教、旅游、景观或艺术价值，但不可能获得承载于原有建筑中的历史真实性。城市遗产保护是非常严肃的工作，对于不同的使用性质应采取不同的方法，不能把城市遗产保护和旅游、景观以及寺庙建设相混淆；不能为追求经济利益而丧失原则。木结构古建筑需要经常性的维护，我国近代经历了新民主主义革命、"文化大革命"等几次重大社会变革，古建筑长期处于无人管理的状态。如果已经破旧的建筑经过维修还可以被使用或者被人们观赏，那么我们就应该尽力让它存活得更久；如果已经破旧得无法维修，那么我们也应尊重其生命的进程，而不应该将重建建筑与历史建筑相等同。

五、"异地保护"

随着我国经济的快速发展和城市遗产保护的不断升温,出现了大量因保护观念淡薄而出现的异地迁建现象,不少珍贵的文物古迹在城市建设浪潮中被迫搬迁。2000年赵紫宸故居美术馆后街22号院被拆迁,2004年清代果郡王府被拆迁,2005年曹雪芹故居遗址被拆迁,2006年唐绍仪故居被拆迁。在此期间,尽管许多权威专家学者一再呼吁保护,但是这些历史建筑还是没有逃脱被拆迁的命运。2012年梁思成林徽因故居也遭到了拆迁,有网友写道:"有时真的搞不清,人类真的不需要历史,可以抛弃一切的一切,统统卷土重来吗?在那些被碾过的尘土中,会不会听到当年街上的叫卖声、邻里的寒暄声、孩子们的打闹声?面对一个崭新的、现代化的、历史存留稀少的城市,对记忆而言是一场洗劫抑或是一场噩梦,还是真的如拆除者所愿,是一种脱胎换骨的新生,不得而知。慨叹中不禁要问,偌大的北京城,难道就真的容不下林徽因、梁思成的一处小小的故居?"[1]

近年来我国还出现了一些买卖传统建筑的现象。通常这些建筑位于偏远乡村,不属于文物建筑保护的范畴,但是由于其年代久远而具有一定的文物价值,于是一些人将这些古建筑搬迁,实施所谓的"异地保护"。另外,随着新农村建设的开展,出现了大量买卖古建筑构件的现象。一些人认识到木构建筑门窗、砖雕、木雕等构件具有收藏和买卖的价值,于是到农村

---

[1] 梁石川. 梁思成故居被拆引热议,林徽因的预言被言中 [EB/OL]. 华声在线,2012-01-31. http://www.voc.com.cn/article/201201/201201310839564964.html

购买传统建筑构件，然后以更高的价格出售到城市里。以上种种现象对城市遗产保护的原真性造成了严重威胁。

1. 民间出现的"异地保护"现象

1950年以来，我国出现了几次因国家重大工程建设而无法避免的文物搬迁事例，如1950年因黄河三门峡水库建设引起的永乐宫搬迁和2002年开始因长江三峡水库建设引起的三峡工程淹没区内的文物搬迁。然而，与这些国家民生建设中必需的文物搬迁相对照的却是民间以五花八门理由进行的古建筑的各种"异地保护"。

前童宰相府是一个异地保护的实例。前童宰相府现位于宁波前童古镇（图2-8），又名"泽思居"，原址位于浙江省丽水市松阳县板桥村，是明代徽派风格的两进院落，距今约460余年历史。宰相府原主人姓叶，是明代末年做官的，雍正年间，把院子卖给了周家，以后就由周家后代居住。2001年此院被搬迁至宁波前童古镇花桥街。

据现主人麻绍英先生介绍，当时他以36万元买下了"宰相府"，由于当时后院已很破烂，所以只买了前院，目前这进院落主要是居住和展示功能，麻先生将其称为"江南第一雕花大楼"（图2-9，图2-10）。据调查，现主人买卖古建筑及构件，开始是为了生计，现在主要出于保护。他认为宰相府在丽水保护不下来，"老百姓没有经费，也没有保护意识。丽水经济落后，如果没有老板投资，建筑就毁掉了。在丽水从投资角度不可能保护，因为当地交通条件差，没有游客，投入没有回报。搬迁后必须放入古镇，因为古镇有影响力"[1]。宰相府从丽水原址搬迁后，已和原有建筑有一定差别，但整体风貌没有改变。据麻先生介绍，搬迁过程中，每个构件都编号，并且进行了绘图、照片记录，按原来丽水的建筑样式重新"组装"，整修的时候没有

---

[1] 根据前童宰相府实地考察与访谈记录

图 2-8 前童古镇

图 2-9 前童宰相府外景

图 2-10 前童宰相府内部搬迁来的建筑

故意"做旧",而是从其他地方找来带有历史信息的材料,主人认为"找老料来修才会自然,要原汁原味"。

访谈中,麻先生说他知道在国外古建筑迁移是很不好的做法,在中国的特殊情况下也是无奈之举。他认为搬迁后的建筑必须放入古镇,因为前童古镇有影响力。目前的宰相府中厅梁柱相交处及横梁下有大量木雕,其中的五鹤冲天,是指文官里的最高级别;右边百鸟朝凤是指女主人的地位,凤为百鸟之首;六狮同堂,意思是祖孙六代同堂,长命百岁;喜开眉笑,是指喜鹊蹲在梅枝上;凤穿牡丹,意味着这个地方能发达,此外还有永结同心等寓意。麻先生说自己原来是做木工、打家具的,喜欢古老的东西,目前宰相府的主要功能是他自家居住,他喜欢住这样的房子。

从整体环境来看,宰相府与前童古镇的建筑风格有较大差异。当地民居建筑取材于自然,房基常以卵石垒成,建筑主体为木材,大量使用石花窗,山墙多为观音兜形墙,显示出纯朴自然的特色。宰相府装饰较烦琐,有大量精雕细琢的木雕,高大的马头墙在花桥街上显得十分突出。但由于现主人有较强的保护意识,宰相府在前童古镇还是得到了较好的保护。

这是一个民间异地保护的例子,庆幸的是麻先生自己出资保护了这样一个院子,让老建筑继续健康地活着,同时发挥着它本该有的作用;遗憾的是其中的建筑与原有环境分离了,不属于前童的东西却落脚在了前童,其背后有着很多的无奈与悲凉。

2007年,我们到常州淹城考察,无意中发现新建的牌坊上安装了一些从外地搬来的老构件(图2-11)。据建设方说,如果不搬过来,这些构件早没了。从牌坊外观上可以清晰地看出新材料与老构件的显著区别,这种做法确实让人感到岁月的沧桑,但是整体上感觉是拼凑起来的,不够协调。2008年,在北京胡同改造的调查中,也发现一些重建的民居中采用了从外地购买的建筑构件,如砖雕、牌匾、古砖等。北京胡同改造重建了大量民居,

图 2-11 常州淹城新城牌坊中采用的外地古建筑构件

其中一些"懂行"的人知道老房子才能吸引人，就从外地买来传统建筑构件，将带有历史信息的老构件"镶嵌"在重建的新建筑中，使其带有些年代的痕迹。据说，江西、浙江、徐州的很多老房子中的构件都被搬到了北京。一些人认识到木构建筑门窗、砖雕、木雕等构件收藏和买卖的价值，于是到农村购买传统建筑构件，然后高价出售到城市里。

老建筑构建真的只有被拆掉搬迁的命运吗？有些地方花几十万元、甚至几亿元去建高楼、修广场，为什么不能拿出其中的十分之一、甚至百分之一去保护我们祖国优秀的文化遗产呢？

2．"搬迁"是不是保护？

目前我国保护经费有限，基本上都用于重点文物建筑的保护，而无暇顾及偏远农村的老建筑。正是在这样的背景下，出现了许多民间人士，或者买卖建筑构件，或者将建筑搬至别处。那么，"搬迁"到底是不是保护呢？搬迁不是保护，因为历史建筑的搬迁意味着对其生存环境的破坏。王景慧先生认为保护文物古迹要特别注意保护它的历史环境，他指出："保护历史环境和保护文物自身有着同样重要的意义。任何一个文物建筑，在历史上都有一个存在的环境，这个环境同样饱含着历史的信息，与文物建筑相辅相成，共同诉说着历史的沧桑。"[1] 实际上，无论是专家学者，还是民间人士，都已经意识到搬迁会破坏历史建筑的环境，但是"异地保护"的现象在我国的保护实践中依然普遍存在，其背后蕴含着对经济利益的追求，显示出遗产保护观念的淡薄。

一方面在现实生活中，我们发现有太多的"特殊情况"，有些建筑在当地完全可以得到保护，可是很多情况下，地方政府不愿意出资去抢救一栋老房子，热爱老房子的人却无财力和权利去保护。国外的历史经验已经

1　王景慧. 城市历史文化遗产的保护与弘扬[J]. 城乡建设，2002（8）：41.

证明，在经济高速发展和社会转型时期，由于人们过于关注"经济"，而忽视遗产保护对人类精神作用的根本性，容易造成从经济利益出发的保护方式，成为遗产破坏的"高危险期"。当前，我国的城市遗产保护就处于这样的高危期，人们在决定采取何种保护方式的时候，"经济"往往占据主导地位，以致人们不顾古建筑的历史环境。历史建筑常常要为新道路、新广场或者新建筑让路，甚至有一些人以倒卖历史建筑及其构件为职业，从中牟取经济利益，这种"逐利"思想下的保护，很难保证其科学性。

另一方面，与法国、意大利等西方国家相比，由于我国公众的遗产保护意识还相当淡薄，人们对如何保护城市遗产的认识很模糊，在这种情况下，"异地保护"行为缺乏公众的监督，很容易被当成一些人赚钱的工具。对于随意买卖历史建筑构件的行为，我国仍然缺乏严格的法律法规约束：我国的《文物保护法》针对的是文物建筑，而许多历史城镇中的古民居并没有被列入文物建筑的行列；此外，一些历史街区保持着传统风貌，但是其中单幢建筑的历史、科学、艺术价值却不突出，不足以唤起人们强烈的保护愿望。以上诸多的"不足"造成了我国特殊的"异地保护"现象。

3."异地保护"丢失了历史环境

历史建筑的价值不仅在于其自身，还包括它所处的环境，一旦环境被破坏，历史建筑就失去了其存在的背景信息，历史意义也会被削弱。《威尼斯宪章》指出："古迹不能与其所见证的历史及其产生的环境分离。除非出于保护古迹之需要，或因国家或国际之极为重要利益而证明有其必要，否则不得全部或局部搬迁该古迹"（第7条）[1]。2005年国际古迹遗址理事会通过的《西安宣言》再次强调"有必要承认、保护和延续遗产建筑物

---

1 ICOMOS. International Charter for the Conservation and Restoration of Monuments and Sites (The Venice Charter)[C/OL]. ICOMOS TEST, 1964. http://www.icomos.org/ICOMOS_Documents.html.

或遗址及其周边环境的有意义的存在,以减少上述进程对文化遗产的真实性、意义、价值、整体性和多样性所构成的威胁"[1]。《中国文物古迹保护准则》第 24 条:"必须保护文物环境。与文物古迹价值关联的自然和人文景观构成文物古迹的环境,应当与文物古迹统一进行保护"[2]。

建筑不同于一般的文物,它具有场所性,它所处的环境赋予其精神内涵。失去了历史建筑赖以生存的环境,人们便无法从其背景环境中读取历史信息,其历史价值必然受到很大程度的损害。同时,历史建筑同它的环境一起,反映出时间的蜕变过程,里格尔指出:"年代价值一定会更为坚决地反对将古迹与他的传统的、实际上是有机的环境中分离出来,并将它们禁锢于博物馆中,尽管它们在那里得到最好的保存,无需修复"[3],失去了历史环境,就等于失去了体现年代价值的一部分重要物质载体。另外,历史建筑构件在拆卸、复原的过程中也难免会出现一些意外,会丢失一些历史信息,这必然会减损古建筑的历史价值和艺术价值。中国古建筑主要是砖木结构,由于年久失修,许多榫卯接合的构件往往都腐朽在一起,拆除后很难用原部件复原,而使用新材料,附着在原构件上的历史价值必然消失,而且,重建的技术、工艺、材料也无法达到原有的状态和水平。《威尼斯宪章》等国际文件都提出只有在"特殊情况"才可以搬迁文物,这是不得已而为之的办法,绝不是城市遗产保护所推崇的方法。

从历史的角度来看,"异地保护"割断了历史建筑与其环境的文脉关系,造成人为的文化信息链的断裂。对于每一个特定的建筑遗产来说,它的场所是唯一的,这不仅是一个空间的概念,而且是一个时间的概念。因为每

---

1 张松. 城市文化遗产保护国际宪章与国内法规选编 [M]. 上海:同济大学出版社,2007:150-152.
 (国际古迹遗址理事会第 15 届大会于 2005 年 10 月 21 日在西安召开,通过了西安宣言——关于历史建筑古遗址和历史地区周边环境的保护。)
2 张松. 城市文化遗产保护国际宪章与国内法规选编 [M]. 上海:同济大学出版社,2007:129.
 (国际古迹遗址理事会中国国家委员会. 中国文物古迹保护准则 [C],2000)
3 Alois Riegl. The Modern Cult of Monuments: Its Character and Its Origin[M]. Translated by Kurt W. Forster and Diane Ghirardo, In: K. Michael Hays, eds. Oppositions 25. New York: Princeton Architectural Press, 1998:621-625.

个场所都包含某一时间所发生的故事，这些故事是与作为场所主体的建筑相关联的，也是其历史构成的一部分，因此，搬迁历史建筑就意味着将这些千丝万缕的联系彻底斩断，与之相关的历史记忆也就无法在建筑之中找到了。

自1964年《威尼斯宪章》颁布以来，国际上一直强调尽可能地保护文化遗产所承载的全部历史信息，包括文化遗产赖以生存的环境。"环境和自然背景对理解古迹遗址本身具有根本性作用。建筑是思想的外在反映，它对空间的建设和组织反映文化价值、社区来源和一种宇宙哲学视野。地理和自然是影响建筑生产的重要因素，它们通常也是一个场所精神价值的来源。"[1] 建筑只有与产生它的场所相关联才具有生命力，因此，保护建筑与其场所的关系非常重要。《新西部》记者孙坷在三峡水库蓄水之前采访了三峡库区即将淹没的地区，他发现有好多当地的村民依然到张飞庙的旧址去祭神，虽然日益高涨的江水已淹至它的脚下，他对此表示担忧："对于张飞庙来说，最大的损坏可能不是文物本身的损坏，张飞庙的神奇更多的是因为当地人对张恒侯的顶礼膜拜。虽然茅草房变成了更加坚固的钢筋水泥制品，泥塑的张恒侯像变成了铜铸的，但谁能保证这种变化不会让当地人心中的信仰也随之丧失或者淡化呢。"[2] 当大量文物被搬迁的时候，附着于其上的精神该怎样搬迁呢？当前，对待建筑遗产的搬迁，我国应该建立严格的审批制度，制止现实中过度随意的现象。

4. "灰阑记"的争辩

2006年6月，有个瑞典人在安徽石台县看中了一幢传统古民居，名"翠屏居"，准备以20万元买下，然后整体拆搬到瑞典哥德堡市，由于地方

---

[1] 59. Mirna Soto Medina, Luis Villacorta Santamato. Built Heritage Conservation Education: A Reflection from Peru[J]. Built Environment, 2007, 33(3): 331.
[2] 孙坷.三峡——让我再看你一眼[J].新西部，2003（6）：10.

政府与房主无力修缮，政府同意放行，引起了媒体和民众的强烈呼声。《文汇报》发表了鄢先生的文章——《从〈灰阑记〉到〈霸王别姬〉——翠屏居公案之我见》，文章中引用了包公审案的故事：讲的是马员外的妻妾二人争夺一个孩子，包拯命人用石灰于庭园中画一个圈，将孩子放置其中，声称谁将孩子拽出谁即为生母，妾张氏不忍用力拽扯，妻马氏则将孩子用力拉出，包公据此判定张氏为孩子生母。该故事主要歌颂包公的智慧，作为断案的前提是：若心怀真情、真爱，是宁可放弃所有权，宁可自己蒙受冤屈，也不肯伤害孩子的。作者慨叹："我不禁想到'翠屏居'不就是那个孩子吗？是留在身边让它饿死好，还是忍痛割舍给人家抱去抚养好？老屋的祖宗，在九泉有知，想必也会同意'翠屏居'漂洋过海吧？"可是遗憾的是，就在新华社前述报道出来的第三天，当地政府一夜之间改变了态度——"安徽古民居远嫁瑞典之举被政府叫停"，主管文物的吴副县长郑重表示：经鉴定，这幢古民居具有历史、艺术、科学的价值，属于文物，根据《安徽省皖南古民居保护案例》的有关规定，决不允许任何单位、企业和个人擅自对外进行买卖。

鄢先生在文章中写道："我不明白，好好的一出正上演的表现智慧和爱心的《灰阑记》，竟梦境般地变成了《霸王别姬》！'时不利兮，骓不逝，骓不逝兮可奈何，虞姬虞姬奈若何'……我没有兴趣分析'不足与谋'的竖子项羽其心其情，也没有兴致将霸王别姬与'翠屏居'等文物宁不落"外人"进行仔细地类比，我只是感到遗憾，就像我为浙江定海古城、西安古城和北京古城的那些具有文物价值的建筑被开发商的推土机消灭掉一样遗憾。"

这篇文章不是珍惜古民居将被破坏，但却对古物的合理保护和迁建搞不清道理，动人的文字和比喻会弄迷糊许多人的心，我针对此文于2006年10月在《文汇报》上针锋相对写了一篇《好东西要坚决保》，原文如下：

好东西要坚决保

文汇笔会日前登载了《从〈灰阑记〉到〈霸王别姬〉——翠屏居公案之我见》一文，文章说的是一幢安徽古民居要卖给外国人而被拦下来的事。作者举出包公断案的例子，因为无力保护，只得选择放弃，是无奈之中呈现的爱心，作者认为既然无力保护，无钱去修，还不如卖掉好。

我去过浙江慈溪的天元镇，那是个专门对境外卖古董家具的地方，有十几家规模很大的厂商。九十年代以来，在全国各地收购古物家具和古宅上拆下的雕花门、窗、装饰物件等，收来后整修包装，在网上出售，每天有几大集装箱运往海外。去年去看时，收来的都是内蒙古、新疆的粗笨的东西了，还有老式的牛车、马车等。老板们说，内地好一些的旧家具已收不到了，这些东西也快卖光了。可以想象，有多少好东西就这么卖出国了。

我又想起当年敦煌的王道士把藏在石窟夹墙里的经书、画卷卖给英国人，那些英国人还振振有词地说幸亏他们，不然早就毁掉了，是他们的文明拯救了中国的珍贵遗产。在这个事件上，我们都明白这是帝国主义的强盗逻辑。

前些年外国古玩市场上充斥着中国的出土文物，这些年是中国古家具，现在开始要卖古房子了，我们的好东西都拿去换钱了。大家知道，珍贵的东西是可以相互赠送的，但不卖钱，我国珍惜的国宝大熊猫作为友好使者馈赠给许多国家，没听说过要卖钱，在世界各国的古建筑都没有作为商品买来卖去的。

我非常佩服冯骥才先生，他得知"翠屏居"要卖掉的消息后，丢下了手中正忙的事情，赶到安徽去，商讨之下这幢古民居不被卖掉的唯一办法，是将其定为文物保护单位。于是他们打报告，紧急地向上呈送。冯先生说："各级领导一路开绿灯，从县到省，到中央很快地批下来了，所以没有卖成"。这里说明两个问题：一是这么快地批准，说明各级领导部门都认为不能卖，先批准再说，只要东西在，保护总是有办法的；二是许多优秀历史建筑、古民居，包括天元镇卖的古家具，我国目前没有法律能制止这些不妥行为，也不能将它们全定为文物。在这方面我国比欧美各国滞后很多，法国早在1840年就颁布了历史建筑保护法，随之也有专项经费来维修，并有鼓励居民保护的相应政策的实施。

我国的古民居大多是砖木结构，木材会腐烂蛀蚀，砖也会酥损，需要经常维修，三五年一小修，十年一大修，三四十年一翻修。而大多数民居过去产权属于国家、集体、公家，没有经费，房屋主人多次更迭，没有责任心，也出不起钱。五六十年来从未修过，又超负荷使用，就都成了破房危屋了。国家这些年来花大力气解决人民居住问题，建了许多新房，但对于旧房采取的办法是自生自灭，大多是拆旧建新，所以各地政府都不肯把钱花在旧房上，保护是文物部门的事，而文物部门只管法定了的文物保护单位。说政府没有钱是说不通的，请看任何一个乡镇，更不说任何一个城市了，每一个城镇都盖了不少新房，开了不少马路、广场。这些新的建设，动辄几千万、几亿，难道就拿不出一点钱修老房子？问题是不愿出、不肯拿、不考虑。关键是许多人，特别是掌权的人，没有认识到历史建筑和文化遗产的价值，花了钱看不到立竿见影的效果，这是个认识和理念的问题。

有价值的好东西要坚决地保，因为历史遗存是不可再生的，像"翠屏居"这样能留下的古民居毕竟不多了。中国的老房子能不能拆，都归政府管，保护的事也由政府说了算，在城市遗产保护方面，各级政府责无旁贷，老百姓们也一样，主要是意识还跟不上，整个社会都气浮心躁。

五 "异地保护"

近年来保护历史建筑、关心文化遗产的情况好多了,对于这些古民居、历史街区,我就多次地劝说地方政府有关人士,不要急于去动它们,它们的价值很高,现在还未呈现出来,一定不要着急,不然今后会后悔的。像"翠屏居"这样的古民居已有二百年了,因为还相当完整,所以瑞典人才想买,如果是一堆破烂也不会有人要的,再忍几年,小修小补,只要不是人为地破坏,撑些年是没有问题的,关键是我们有些人熬不得,急于要换新房、急于要换钱。

历史建筑是祖先留给我们的最具体、最能诠释历史文化的载体,就像江南水乡,如果没有那些古镇的小桥、流水、人家,还说什么江南美景。爱家乡、爱祖国,就要爱惜这些历史遗存。过去人们把卖家当、卖祖宗遗物的人都称之为败家子,我们敬佩"朱自清宁可饿死不吃美国的救济粮"的高尚人格,况且,现在的今天已不是那个时代了。

六、"文化工程"

随着城市经济的不断发展,文化成为发展经济的一项重要资源。人们开始意识到文化的重要性,以"发展文化"为名建造"文化景观"已经成为近年来城市发展中的一种思潮,"文化搭台,经济唱戏"的现象在社会上有日渐增长的趋势。一些专家学者通过多种渠道提出对这类项目的反对意见,在社会舆论监督下,有些项目被叫停了,有些项目还在继续。

以文化为名的工程是新建项目,不属于文化遗产保护的范畴,但是现在很多人把这种建设行为当成遗产保护,在我国公众遗产保护意识不强的情况下,使人们混淆了遗产保护与再造历史景观的差异,造成了很大的社会危害;还有些人把"文化项目工程"当成弘扬中国传统文化的物质载体,希望借此提升国家软实力。有这么多人热衷于打造人造"文化",其实他们的注意力在于"经济"——希望借"文化"发展旅游,从而获得更多的经济利益。这已成为当今社会上的一种主导价值观,令人担忧!

从长远利益来看,这样的文化项目工程常常经不起时间的考验,一些项目在经历了暂时的繁荣之后就开始衰败,这些耗资巨大的工程项目不但不能保护好现有的文物古迹,大量的人造景观还会破坏现有的历史环境,值得我们深思。

1. 引人注目的"文化项目"工程

(1) "华夏第一祖龙"工程

2007年,"华夏第一祖龙"建设工程成为全国传媒关注的焦点(图2-12)。河南郑州新郑一私营公司计划在当地建造一条长达21公里的巨龙,同时包括200亩拜祭广场、山门、九龙广场及配套设施(图2-13)。巨龙依始祖山山脊而建,为钢筋混凝土结构。2007年3月29日新华网发展论坛公布:"龙头高29.9米,龙身高9米,宽6米,计划投资3.111 8亿元,预计2009年10月1日竣工"。河南祖龙公司副董事长李雄指出:"'华夏第一祖龙'象征21世纪中华民族的复兴腾飞。按照设想,龙身上将要镶嵌象征56个民族的560万片汉白玉或铜底镀金龙鳞甲,人们可在鳞甲上镌刻祝福、寄意、纪念等文字;龙腹内则镶嵌南阳黄玉,分段设立慈孝廊、忠义廊、报国廊、英烈廊、爱国廊等,使整个龙腹成为中华民族文化的长廊圣殿,弘扬中华民族的传统美德。"[1]

众多媒体对新郑祖龙进行报道之后,引起人们的广泛热议,并遭到了绝大多数人的反对,认为这是打着文化工程旗号的粗陋艺术形象;仅以其简单的历史地理条件生硬攀附文化,是敛财的骗局。最终当地叫停了祖龙建设工程,当时部分龙头及龙身已建成(图2-14)。

(2) "巴米扬大佛"工程

已有千年历史的巴米扬大佛(图2-15)位于阿富汗巴米扬镇东北郊,那里的山崖是举世闻名的佛教圣地,遍布着大小石窟6000余座。2001年3月,巴米扬大佛在炮火中被毁,半年后,有人计划在阿富汗的巴米扬原址上重建一座巴米扬大佛。然而,2001年,在中国的四川乐山也开始了一

---

[1] 造价3亿的"华夏第一祖龙". 新华网发展论坛, 2007-03-29.
http://news.xinhuanet.com/focus/2007-03/29/content_5907729.htm

图 2-12 初步成型的龙身工程外景

图 2-13 工程环境模型

图 2-14 已经建成的龙首

六 "文化工程"

图 2-15 被毁前的阿富汗巴米扬大佛

项规模宏大的造佛工程，计划按1∶1的比例复制阿富汗巴米扬大佛，打造"东方佛都"。据2003年2月20日《南方周末》报道[1]：东方佛都是一个主题公园，占地面积上百亩，复制了东南亚、印度、日本等国家、地区及国内的大大小小佛像3000多尊，由东方佛都公司开发建设，其建设地点位于世界自然文化遗产乐山大佛—麻浩崖墓保护区域内。据称，这尊中国的巴米扬大佛将由六位雕塑家在石崖上雕凿完成，比乐山大佛还要高出一头。有专家将此事报告国家建设部和文物局后，在这项工程被勒令停止时，已耗费了巨资，并破坏了汉代石崖雕像群（国家文保单位）。

无独有偶，2014年5月河北石家庄被报道仿建了一座埃及的狮身人面像，引发埃及有关部门的激烈抨击并提出知识产权的诉求。所有这些都反映了政府部门对文化遗产保护的无知与愚昧。

以文化为名的项目工程耗资大多数都在千万元以上，在我们国家经济并不富裕的当前，国务院每年拨款补助急需抢修的文物古迹还非常困难的时候，这些耗资巨大的所谓文化项目工程的建设是非常值得关注的重要社会问题。

2. 文化不能靠"打造"

近几年，"打造"成了规划界一个时髦的词汇，"打造文化广场""打造文化景观"……各类打造的宏大工程成为各地展示城建政绩的招牌。可是，让我们回想一下，当年宇文恺在设计隋唐长安城时，有没有在长安城内打造一处汉武盛世景观？明清时代有没有打造盛唐景观呢？没有！再看看现代城市，被评为世界遗产城市的巴西利亚有没有刻意去展示某个时代的景象呢？也没有，巴西利亚被称为"世界城市规划的典范"，世界遗产委员会这样评价它：它是城市设计史上的里程碑。城市规划专家卢西奥·科

---

1 曾民，逸西. 荒唐！巴米扬大佛乐山"复活"[N]. 南方周末，2003-02-20.

斯塔和建筑师奥斯卡·尼迈尔设想了城市的一切,从居民区和行政区的布置到建筑物自身的形态,它表达出和谐的城市设计思想,其中政府建筑呈现出惊人的想象力,故有"世界建筑艺术博物馆"的美称。可见,无论是世界上,还是我们中国,所有杰出的城市都不是靠打造历史文化景观而闻名的,与之相反,杰出的城市反映的是时代的特色、文化和技术。巴黎的埃菲尔铁塔在当时展示了最新的技术,卢浮宫的玻璃金字塔展示的是时代的特征,它们没有使巴黎形象有丝毫的减损,反而让古老的巴黎展示了时代风采,这才是我们所需要的文化。

再造的文化景观无法推进民族文化的进步。孔孟文化固然重要,但中华文化如何能通过一座"城"来体现?文化是融合于全民的知识素养之中的,而提升中华文化更需要一系列的、长期的行动,比如文化遗产保护,青少年的教育、人们日常生活中道德情操的培养等等。如果把建设"文化工程"的大量资金用来修建博物馆,保护历史文化遗产,应该会取得更好的社会效益。"教育是立国之本",提高国民素质是首要,中华文化的保护、继承、传播与光大是教育的根本途径。

有专家指出,一些大规模的项目工程不仅破坏自然生态景观的完整性,而且传统文化中富有意义的事物被简单化成商业性的虚妄庸俗的符号,富有煽动性的表面意义盖过了本该有的厚重内蕴,是对文化价值的背叛和对"真文化"的曲解。冯骥才先生在《伪文化之害》一文中写道:"伪文化在当今中国,可谓铺天盖地,波澜壮阔。几乎每一种具有魅力的文化,都必有浩浩荡荡却毫无魅力的伪文化。甚至每一部古典文学名著,都演化出一座荒唐可笑的娱乐场,如'西游记宫'、'水浒宫'等"。《文汇报》记者柳青指出:"过多过滥的'老北京''三国城'等堆砌不出真正的文化,这些人造景观在饱受风吹日晒后终不过是些建筑垃圾。当这些充满虚假气息的东西在当下文化生活中弥漫开时,冯骥才所言将不是危言耸听——

博大精深的中华文化正在被改造得浅显粗陋。这文化的粗鄙化带来的更深、更长远的危害，不仅仅在文化本身，还将败坏我们的国民精神，即精神走向浅尝辄止、粗糙浮泛、不求精神和甘居落后，伪文化将进一步使民族低素质化。"[1]

实际上，当前的许多所谓的"保护"行为，都是在破坏遗产的价值，保护历史古迹与环境相互依存的关系对历史遗存的整体性至关重要。国际上的宪章文件多次强调应尽可能地保护文化遗产所承载的全部历史信息，包括文化遗产赖以生存的自然与人文环境。

3. "文化项目"工程背后的经济利益

现在社会上，以文化为名的项目工程常常过于强调经济价值，一些地方政府和开发商热衷于以文化为名开发旅游，从而获得更多的经济利益。原则上，保护历史文化遗产和发展旅游并不矛盾，具有原真性的遗产地可以发展为旅游目的地，比如，在意大利，文化遗产被当成一种重要的旅游资源与文化资源，旅游已经成为意大利国民收入的重要来源。但是，我国的一些地方却没有把握好发展旅游的"度"。发展旅游首先要保护好文化遗产，尊重遗产地的自然生命进程，而不是再造"文化景观"。文化项目工程的根本出发点不在于保护城市遗产，而更多的是考虑旅游，一些地方政府为发展旅游才进行保护，才来建设文化项目工程，出现了本末倒置的现象。

在市场经济条件下，以获得利益回报为经营目的的各种公司纷纷把资金投入到以文化为名的项目工程建设，塑造"人造景观"，这样的行为不是遗产保护，到底能不能弘扬文化也是个未知数，其背后常常隐藏着对利

1　柳青. 文化背后的亵渎与坚守 [EB/OL]. 文汇报，文化发展论坛，2007-08-09. http://www.ccmedu.com/bbs12_50337.html

益最大化的追求。现实情况中,地方政府往往支持这样的文化旅游项目,因为它能给地方带来可观的财政收入。仅仅开发商愿意投资,能通过这样的"文化景观"赚钱,当地政府能得到暂时的好处,就将大量的土地用于"项目开发",政府的决策不是建立在科学论证基础上。

这些规模宏大的工程项目常常占地几千亩,建筑用多少材料更难以预计,虽然一些项目是私人企业投资,但是土地、材料、能源的浪费却是个重大的社会问题。这样的工程项目可能会取得短期效益,但是希望通过"再造景观"来发展旅游,不可能具有长远前景,更不利于社会的可持续发展,这个是普遍性的问题。与大规模的文化项目工程相比,中国农村散布的大量传统民居,由于缺少财力、技术方面的支持,面临着剧烈的人为破坏和渐进的自然损毁。我国乡村的基本文化设施在减少,据 2008 年 4 月 10 日《人民日报》报道[1]:"从 2001 年至 2006 年,我国群众文化服务机构总量逐年减少。其中,县级以上的群众艺术馆和文化馆的数量变动不大,变动明显的主要是文化站,特别是乡镇文化站。2001 年乡镇文化站的总量为 39 348 个,到 2006 年则减少到 34 593 个,6 年时间减少近 5000 个,减少了 12%",这反映出一些地方政府严重的功利思想。

在我国的一些历史城镇,地方政府为满足城市建设过程中的资金需求,将大量土地廉价地出让给开发商,而这些土地大多数属于农业用地。由于国家对农业用地转为建设开发用地有严格的审批规定,于是一些政府和房地产商就以"发展文化"的名义立项,"借机占地""背后圈地"成为制约乡镇可持续发展的严重障碍。中国现行的土地政策实行"所有权"与"使用权"分离制度,所有的城市土地归国家所有,农村土地归集体所有,代表国家行使权力的地方政府对土地拥有控制权,他们将经济发展与耕地保

---

[1] 李舫.文化大发展不等于"大项目"[N].11 版.人民日报,2008-04-10.

护职责集于一身。地方政府为招商引资,常常为满足开发商的要求而更改发展规划,有些地方不尊重农民意见,随意改变土地承包关系,将农民宅基地和大量农田变成开发建设用地,这些开发项目为政府带来了最直接、最快速的经济效益,却是以牺牲大片土地资源为代价。

深思今天的社会政策和规划体制,我们应该端正态度,出台一系列的法律,通过立法来保护文化遗产,弘扬传统文化,使地方经济的发展走上良性循环的道路。

七、仿古街

仿古建筑，顾名思义，是指当代在建筑形式上模仿古建筑而新建的传统风格建筑。清华大学的关肇邺先生将仿古建筑分为两类：一种是采用了传统和现代的建筑语汇，并力求把它们与现代的功能技术相结合的创造；另一种是所谓的"假古董"[1]。我们这里所指的建设误区是指那些盲目仿古的现代作品。一些地方为了发展旅游，也有一些地方政府为了显示旧城改造的政绩，在城市中建设了形形色色的仿古街，在社会上引起了广泛争论。虽然这些仿古街的建设暂时满足了人们的怀旧情结，但是它模糊了人们对城市遗产保护的正确理解。

1. "仿古街"现象

我国的仿古街建设始于北京琉璃厂文化街，陈志华先生指出："拆除真文物，仿造假古董，这种蠢事的始作之俑是北京琉璃厂的改建。"[2]

北京琉璃厂文化街（图2-16），位于现在北京的和平门外，全长约800米，因元代在此地建琉璃窑厂而得名。清乾隆年间这里形成了以卖古籍碑帖、古玩字画、文房四宝为主的独具一格的文化商业街，距今已有200多年的历史。作为北京旧城改建的一部分，1978年市政府提出改建琉璃厂街的任务，1980年开始分三期实施，1986年建成。2008年迎接北京奥运会之前，琉璃厂街又进行了一次街面整治。

---

[1] 关肇邺. 从"假古董"谈到"创新"[J]. 建筑学报，1987（3）：14.
[2] 陈志华. 北窗杂记（二十五）[M] // 陈志华. 北窗杂记. 郑州：河南科学技术出版社，1999：49.

图 2-16 北京琉璃厂

北京琉璃厂文化街重建了道路两侧的店铺，建筑包含了不同时期的风格，大量采用了砖雕木刻、油漆彩画。窗扇的纹样不仅有北方的，甚至还出现了苏州园林中的什锦窗。彩画中不仅有沥粉贴金彩画，还有苏式彩画，色彩华丽。有专家指出："规模不小，动辄几百米长的街，几十家、上百家店铺短期突击，克日完成，而街道店铺的内容比较单一，店铺是凑到一处的，高档货居多，沿街建筑是两层皮，设计质量和施工质量都不太高，经济效益、环境效益上也存在问题"[1]。北京琉璃厂崭新的、色彩丰富的彩绘建筑让人感到迷惑，因为历史上只有皇宫才会如此富丽堂皇、色彩斑斓。仿古建筑让人感受到的不是真实的历史，而是真实的现在，是现代人对过去琉璃厂文化街的缺乏历史考据的肤浅认识。

实际上，早在1986年就有专家对于北京琉璃厂改建工程提出了质疑，认为其华丽的建筑色彩与历史上古朴的风格不符，改建后的琉璃厂文化街变成了外国游客猎奇观光地。2008年迎奥运前门整修工程中对琉璃厂的街面进行了再一次整治，也仅仅是表面工程，依然是色彩鲜艳的"两层皮"式的改造，据当地人说，这两年琉璃厂文化街的经营状况并不好，无法吸引本地的书画爱好者，同时对外地游客的吸引力也在削减。

时至今日，中国许多城市仍然不断出现类似的仿古街（表2-1），它们往往规模较大，店铺经营内容雷同，沿街建筑只有"两层皮"。

重点解说下列表中的前门大街整修工程。2008年奥运前夕，北京市政府对天安门附近的前门大街进行了大规模修缮，整治工程北起前门月亮湾，南至珠市口，全长840米。前门大街最早成形于明代正统初年，至今约570年历史，期间经过4次大更新，20世纪二三十年代是其商业发展的鼎盛期。此次修缮方案确定为恢复清末民初时期的风貌。据2008年5月

---

[1] 顾孟潮（整理）.关于北京琉璃厂文化街的建筑评论[C/J].建筑学报，1986（4）：55-58

表 2-1 部分仿古街建设情况对照表

名称及地点	建造时间	建筑风格
天津古文化街三岔口一带	1986 年	清式建筑，入口有彩绘牌坊，门窗上多饰有彩绘图案
南京夫子庙街夫子庙地区	1997 年	明清风格，青砖小瓦，粉墙坡屋
西安书院门街三学街一带	1990 年	明清风格的书画一条街
徐州沛县汉街	1996 年建成	仿汉商业街，街道内是青砖黑瓦的仿汉建筑（图 2-17）
成都锦里仿古街武侯祠一带	2003 年开始 2004 年完成	以"三国文化"为主题。建筑一至二层，以黑、白、灰为主色调，体现了巴蜀建筑风格，保留了一些汉代的建筑特点，同时带有明清时期的建筑特色
北京前门大街	2008 年完成	再现清末民初风貌

图 2-17 徐州沛县汉街

11日新华网报道，修复后的前门大街"共保存了9处历史建筑；恢复了41个有名有姓的门脸和3个牌坊；保留、修缮、提高了5座建筑的艺术品质，仿造了52座具有历史符号的建筑。总体建筑中保存并恢复原貌的占76%"[1]。另外，在21米宽的大街中央，铺设白石御道，并为"铛铛车"设置了专用轨道，两侧的路灯采取了拨浪鼓、鸟笼等造型。

由此可见，近年来建设的仿古街主要模仿某一历史时期的建筑风格，再现某一选定时期的历史风貌，但是，让人质疑的是：汉代建筑、唐代建筑、巴蜀建筑到底具有怎样的建筑特点？在我国，唐以前的建筑已凤毛麟角，文献记载也不够详细，那么历史依据从何而来，所建成的某某风格建筑是否增加了很多人为的主观臆断？在这种情况下建成的仿古街无疑会造成文化遗产保护思想的混乱。

2. "假古董"探源

仿古建筑作为一种建筑风格当然无可厚非，但是没有确凿有效的历史依据研究、仅仅作为招商引资的古文化噱头去大量建造就有问题了，以至于被众多专家学者批判为"假古董"。它们不仅不属于文化遗产保护的范畴，不能用原真性的标准来衡量，而且城市中大量的"假古董"对我国的文化遗产保护事业造成了极坏的影响，因此有必要进一步加以澄清。探源"假古董"及其价值是为了提醒热衷于建设"假古董"的人们如此的做法并不是城市遗产保护或建筑创作的正确方向。对"假古董"的价值分析具体参见表2-2。

对于"假古董"，我的定义是：为了商业和旅游的目的，用现代的材料、现代的工艺、不加以深入考证地去仿造古代式样的建筑物。"假

---

1 万一. 北京前门大街修缮完工再现清末民初风貌[EB/OL]. 新华网，2008-05-11. http://news.china.com/zh_cn/news100/11038989/20080511/14833776.html.

表 2-2 "假古董"的价值解析

类别	价值评价
历史价值	"假古董"常常建在具有一定历史文化背景的地段,那么在拆毁原有历史环境的时候,实际上已经丢失了真正的历史信息;新建的仿古建筑常常包含很多现代人的想象和不够准确的模仿,无法作为人类研究古代文化、建造技术和历史背景的参考依据,因而并不具有历史价值
科学价值	"假古董"往往只注重形式,而忽视功能,对人类历史、考古等学科都没有借鉴意义
艺术价值	很多情况下,受经济利益的驱使,人们在追求文化意境的同时谋求获得最大利润,最大容积率,导致建筑做得过大、过胖、过高,虽然在屋顶、门窗等处采用了传统符号,但整体比例失调,歪曲了中国传统建筑的美感
社会价值	对当代人来说,仿古建筑满足了当代社会中一些人的怀旧情结,古代建筑宜人的尺度,街区人性化的氛围仍然是当代人所需要的
经济价值	仿古建筑常常能迎合一定的商业和旅游需要,具有一定的经济价值
人类学价值	建筑创作应与同时代的生活和技术紧密结合,而不应该大规模地复古,变成形式主义,在新技术、新材料已经发展到相当成熟的阶段,需要发展的眼光,而不是回归过去

古董"不具备文化遗产的历史、科学和艺术价值,它的存在基础就是其有限的经济价值。"假古董"不会给人带来沧桑感,不能体现时间的历程。现实中,大量的仿古街在经历了暂时的繁荣后,便慢慢走向衰落。只有历史原物才具有文化价值,正如文学评论家、思想家瓦尔特·本雅明(Walter Benjamin)指出的:"建筑物表明了集体性的神话。即便是废弃的建筑物,也会留下种种痕迹,揭示出以往各时期的种种记忆、梦和希望。"[1] 在经历2008年汶川大地震后,都江堰的古建筑群中,"真古董存,假古董毁。一条西街上,老建筑基本无恙,而20世纪八九十年代造的房子,都倒了。清朝时候建的二王庙大殿没怎么受到破坏,倒是后来新修的假古董——山门、配殿等都毁坏了"[2]。同样,1996年丽江发生7级大地震,丽江的传

---

[1] 张松.历史城市保护学导论——文化遗产和历史环境保护的一种整体性方法 [M]. 2 版.上海:同济大学出版社,2008.
[2] 黄玮.给城市留条"回家的路"——专访同济大学教授阮仪三 [N].解放日报,2008-07-11.

统木结构房屋并没有发生毁灭性破坏，丽江古镇风采依旧。中国传统建筑采用梁柱结构体系，木构件之间是卯合的，结构是柔性的，具有抗震功能。而仿古建筑基本采用的是砖混结构，只是形式上模仿传统建筑而已，它不具备传统建筑所具有的结构优点，从而其使用价值也大打折扣。

"假古董"既不能促进时代的进步，也不能真实地反映历史，那么为什么在我国许多城市却出现了一条又一条的仿古街呢？

一方面，在某种程度上"假古董"的出现满足了当代人一种怀古的情结。当今，我国经济的快速发展，体制的变革，使当代社会出现了一种文化危机意识，传统文化受到人们的敬仰和崇拜，因此，人们试图通过仿造古街让人找到一种历史的感觉，暂时离开现世的喧嚣，回到历史的辉煌遐想中。但是，我们必须注意到，这种历史感是模糊的、错位的、混淆不清的。

另一方面，一些地方政府将仿古街的建设视为"形象工程"，希望通过仿古街建设发展旅游，拉动地方GDP。实际操作时，有些地方不仅在主体古建筑周边建设"仿古"式建筑，而且以作旧的各式手段力求使其与主体古建筑浑然一体，这是非常错误的。城市遗产保护要求具有可识别性，而仿古建筑恰恰是希望尽可能减小与古建筑之间的差异，混淆了真与假，鱼目混珠；过于强调视觉的统一，营造虚假的历史布景，丧失了历史的真实性，丧失了古文化遗产的场所精神。正确的做法是：在古建筑周边的新建筑应当注重与老建筑的融合，在建筑体量、比例、色彩等方面与主体建筑相协调，其设计原则一定是对古建筑的衬托，而不是混淆，并且要尽可能避免对古建筑真实历史信息的损毁。

综上所述，由于营造"假古董"的最大的利益驱使是地方政府要借此营建所谓的传统历史城市景观，借以发展旅游事业或显示地方政府领导的政绩，所谓重现历史风貌，有明显的政治索求，所以，真的、假的并不是他们考虑的问题。

3. "仿古街"该不该建？

对于仿古建筑，人们有不同的看法。一些专家认为仿古建筑的存在是历史的必然，不能完全否定，但是，"假古董"式的仿古街却遭到了专家学者们的一致批评。

古建筑遗存留有过去人们的行为痕迹，它的每一个构件——被行走的脚步磨得发光的石板、镌刻在建筑构件上的字迹等都在讲述着古老的生产工艺和技术信息，它们保存了那个时代的生活，那个时代的文化与精神。古建筑遗存让人们通过直觉感受历史，留给后人考证和反思的空间，而"假古董"的工艺、材料、技术都是现代的，只有形制、样式和风格上的模仿，它们企图用仿造的物质实体记录历史，因为是当代再造，其反映的只能是当代社会的思想、技术和设计理念，它们会让人误读历史。

罗斯金认为我们要尊重建筑的自然寿命。建筑倒了，由存在转化成非存在，那么我们又建了新建筑，产生了新的生命，这是自然界的规律。如果说建筑是有生命的，那么仿古建筑的年龄是从现代算起的，它缺乏时间所赋予的历史的丰富性。时间是历史建筑最根本的属性，一旦时间的印迹没有了，那么历史建筑存在的根基就消失了。梁思成先生在1930年谈及"宫殿式"的建筑结构已不适合现代科学及艺术发展的问题时说："我们过去的错误就是在于把自己那种统治阶级骚人雅士的爱好强加于人民，不是做出咄咄逼人的宫殿庙堂，就是做出淡雅肃静到贫血的程度的东西。用这样的思想感情去看待遗产，那就只能抄袭搬用，根本谈不上发展和革新，而只能是发展和革新的障碍。"[1] 他认为复古主义把建筑的形式同内容割裂开来，把各个历史时期发展起来的建筑形式抽象、简化为程式化的传统符号使用到建筑设计中，根本没有理解形式与结构、功能及特定历史环境的关

---

1 梁思成. 从"适用、经济、在可能条件下注意美观"谈到传统与革新[M] // 梁思成. 梁思成全集：第五卷. 北京：中国建筑工业出版社，2001：310.

联,仅仅流于表面样式[1]。

清华大学的陈志华教授:"遗产虽然有利或有用于我们,但我们却要自主地利用它们,而不是被它们拖住。"[2]

同济大学的卢永毅教授:"在资本的积累日益多样、社会进程和文化态势日趋多元、艺术表现日益自由的当代中国,还有许多身份建构的努力使当代建筑在背离理性与科学的道路上越走越远,从不时相遇的'仿古一条街',到遍布全国的欧陆风房产楼盘,旅游与经济发展所展开的商业竞争不仅带来地方文化赝品的泛滥,也带来世界文化赝品的泛滥,风格的自由运用已经描绘出了一幅又一幅前所未有的建筑迪士尼奇景,地域特征因此沦为为满足大众猎奇的廉价消费产品。"[3]

同济大学的阮仪三教授:"现在许多地方总是将新建的仿古建筑冠以恢复、重现历史景观的各种名目,这既是对新建筑真实性的抹杀,更是对文化遗产原真性的亵渎。"[4]

同济大学的常青教授:"中国建筑界对传统和现代何者为本位问题的论辩延续了大半个世纪,在历史意识上经常存在着僵化或简单化的倾向。表现在对传统要么过分推崇,要么痛加否定,且大都语气凝重,喜欢板着面孔,'正面'地说话,无形中把本应是特定的、具体的建筑创作问题,每每变成了泛指的、形式上的无休止争论,加上有时来自决策方面的误导、不当干预和'一刀切',也往往滋长了偏颇的倾向。"[5]

---

1 梁思成先生指出:"'宫殿式'的产生是由于欣赏中国建筑的外貌。建筑师想保留壮丽的琉璃屋瓦,更以新材料及技术将中国大殿轮廓约略模仿出来。在形式上它模仿清代官衙,在结构及平面上它又仿西洋古典派的普通组织。在细项上窗子的比例多半属于西洋系统,大门栏杆又多模仿国粹。它是东西制度勉强的凑合,这两制度又大都属于过去的时代。它最像欧美所盛行的'仿古'建筑。因为靡费侈大,它不常适用于中国一般经济情形,所以也不能普遍。"
梁思成.为什么研究中国建筑[M]//梁思成.梁思成全集:第三卷.北京:中国建筑工业出版社,2001:379.
2 陈志华.试析传统与遗产[M]//陈志华.北窗杂记.郑州:河南科学技术出版社,1999:299.
3 卢永毅.建筑:地域主义与身份认同的历史景观[J].同济大学学报:社会科学版,2008,19(1):45.
4 阮仪三,林林.文化遗产保护的原真性原则[J].同济大学学报:社会科学版,2003,14(2):4.
5 常青.培养历史意识/理解环境脉络[J].建筑学报,1997(5):17.

这些尖锐的批评道出了大量建设"假古董"背后的动机及其巨大的危害，也告诫着对于每一次建筑创作来说，都应该在一定的背景和特定的条件下去理解，而不应该仅仅去争辩传统优于现代或者现代优于传统这种脱离实际情景的问题。

我国城市遗产保护强调"修旧如故"，但是在实践中也不乏"修旧如新"，从北京琉璃厂仿古街、天津古文化街到近年来修建的成都锦里、西安西大街等，都是"修旧如新"的实例。"修旧如故"重在保护建筑遗产的历史价值，保留历史的信息。我国的一些历史城镇如周庄、西塘等，历史建筑的墙坏了就进行修补，达到坚固的目的，不会粉刷一新；对老建筑采取中国传统的"偷梁换柱"方法，腐烂的柱子就换掉，尽量应用一切可利用的老材料，良好地保持了古镇环境与建筑的历史沧桑感，这些经验和做法值得各地借鉴和推广。

对在历史城区内建设"仿古建筑"的行为国际上给予的公认说法是"灾难性的"："城市规划、当代建筑和历史性城市景观的保护应避免所有形式的伪历史设计，因为这种设计形式既背叛历史，也否定当代。不应该以一种历史观替代其他历史观点，历史必须是可以解读的，而通过高质量的干预措施使文化得以延续是我们的最终目标。"[1]

---

1 张松.城市文化遗产保护国际宪章与国内法规选编[M].上海：同济大学出版社，2007：145-147.

八、旧城改造

1990年以后,我国新的经济体制和城市土地政策带动了房地产业的兴起,旧城改造的速度与规模空前发展。全国许多城市都对旧城区采取了"一刀切"的改造模式:把原有的老房子整片地拆除,进行新的城市建设;一幢幢高楼拔地而起,成片的新建筑和新设施填塞了老城区,许多珍贵的古城迅速地改变了面貌。进入21世纪,在新的历史时期,人们对城镇发展有了新的认识,过去"脱胎换骨"式的旧城改造模式也逐渐显露出诸多的弊端,人们开始探寻新的旧城保护之路,北京南池子修缮改建工程与奥运前夕的北京新一轮胡同改造工程成为这个时期两个典型的案例,也成为之后许多城市旧区改造的效仿对象。

1. 从北京南池子说起

南池子位于北京皇城之内,故宫东侧,历史上是紫禁城的一部分,曾作为明清两代的官署和库房用地,民国时期,南池子发展成为以居住为主的街区。2000年,北京市有关部门划定25片历史文化保护区,南池子是其中的修缮与改建试点,2001年底,开始了南池子修缮改建工程,2003年8月工程结束。

据介绍,南池子改建工程原计划按照《北京旧城二十五片历史文化保护区规划》实施,保存大部分传统的四合院,但是在操作中遇到了各种困难,最后"在6公顷多用地,原有建筑面积3万多平方米中,只保留了建筑面积共6000多平方米。其余的2.6万平方米均被拆除，约为原有建筑的80%。新建了二层的居民回迁楼78幢，共计2.1万平方米"[1]。南池子原有居民大部分是中、低收入阶层，改建后，原有居民多数被迁出，大部分的老四合院被拆除，代之以重建的二层传统风格建筑。街上已看不到老人乘凉聊天、孩子在胡同内嬉戏的场景了。"人们感到失望是因为：破旧的棚屋消失了，那些古老的四合院也一起消失了"[2]。经过改建的北京南池子不仅淡化了原有的胡同风情，而且影响了世界遗产地——故宫的背景环境，改建成效受到国际社会的质疑（图2-18）。

南池子改建工程在全国引起了很大的争议和反响。2003年9月4日，中央电视台报道："北京历史文化保护区中第一个危旧房改造项目——南池子修缮改建工程，从百姓的利益出发，大胆尝试，将改善群众居住条件与古都风貌保护成功地结合在一起，交出了一份双赢的答卷"[3]。同一时期，中央对外宣传办主管的国内英文报纸《中国日报》在《寻找保护古城的正确方式》中提出质问："经过了近两年的工作——包括居民安置和修缮改建之后，南池子被奉为北京另外24片胡同保护区的样板。但是，在参观过这个改建工程后，人们也许会对最终结果感到失望。人们也许会担心，如果有一天带小儿女或者孙儿们到南池子，他们该对孩子说什么：这究竟是历史遗产地，还是一个不折不扣的房地产项目？"[4]北京南池子大量拆除后重建的做法，引起人们对古城保护历史真实性的质疑，如此做法是拆掉了一个真实的老古城，还是保护了古都风貌？

社会上反思声音此起彼伏。老房子没有了，原居民离开了，北京胡同

---

[1] 刘小石. 南池子模式不宜推广 [EB/OL]. 南方网，2003-10-27. http://www.southcn.com.
[2] 祝乃娟. 再看老北京南池子 [EB/OL]. 2003-10-23.
http://www.360doc.com/content/15/0224/04/15398581_450394090.shtml.
[3] 祝乃娟. 再看老北京南池子 [EB/OL]. 2003-10-23.
http://www.360doc.com/content/15/0224/04/15398581_450394090.shtml.
[4] 刘小石. 南池子模式不宜推广 [EB/OL]. 南方网，2003-10-27. http://www.southcn.com.

八 旧城改造

图 2-18 改造后的北京南池子

原有的社区文化消失了，世界古建筑遗产地故宫周边的历史环境——生活的原真性被破坏了……

2. 2008年奥运前夕的北京胡同改造

为迎接2008年奥运会，北京市政府投资10亿元进行东城、西城、宣武、崇文四城区的房屋修缮和市政改造工作，涉及44条胡同、1474个院落和近1万户居民安置（图2-19）。此次改造主要包括以下内容：

（1）基础设施改造：将给水、污水、电信、路灯管线埋入地下，重新铺装路面；

（2）院落及建筑的改造：翻建了公房，同时铺砌了私房中的入户路面，其中一些胡同仅翻建沿街建筑，如东四八条胡同；另一些胡同不仅改建了沿街建筑，而且重建了院落内部的建筑，并施以精致的砖雕和彩绘，如东四四条胡同、东四五条胡同；

（3）街道立面改造：对于没有改造的沿街建筑，墙面被粉刷成浅灰色，达到了整体风貌一致的效果；

（4）公厕问题：本次胡同改造的一个突出成果是改善了居民"上厕难"的问题，在每条胡同都建有若干个公厕，抽水式的卫生设施，地面铺有瓷砖。[1]

对于此次胡同改造当地居民褒贬不一，一些居民感觉居住环境改善了，住房安全了；也有一些居民指出改造是用现在的技术进行的重建，新建房屋使用的瓦和过去的不一样，新的因屋顶用水泥勾缝找不到古色古香的感觉了。一位当地居委会工作人员无奈地说："在现有条件下，这也是一种尝试，我们也知道其中有不足之处，但是实在想不出更好的办法。"胡同原住民中的一些老人在这里已经居住了几十年，虽然历经旧房改造，

---

[1] 据当地居委会介绍，房管所按危险程度选择翻建房屋，东四四条和东四五条是试点胡同。如果采取其他政策，比如免费给每户2倍的面积，其他按经济适用房算，老百姓拿不出来这么多钱，有的老百姓只能拿出1万元，所以执行起来很困难。

图 2-19 大栅栏正在重建的民居

但许多住房条件及生活条件仍十分恶劣。有一位居民抱怨他们的住房还不如旁边的厕所（图 2-20，图 2-21）。还有一户人家在刚刚翻建的新房上又进行了加建，一层是政府用青砖翻建的新房，二层是居民用红砖自行加建的新房，格外抢眼，使得本来已经狭窄的胡同显得更加拥挤。

在对施工人员的访谈中，一些工人指出 3 个月的施工时间太短，按时完成任务都很困难，这样大规模的短期改造方式很难保证历史建筑保护的真实性和完整性（表 2-3）。

在专家层面，对于北京新一轮的胡同改造也褒贬不一。中国考古学会理事长、文物保护专家徐苹芳先生认为："政府此次改变以往大面积拆除拆迁的做法，花大力气对胡同、旧宅进行恢复性改造，是深得民心之举，也是目前在胡同保护上最可行的解决办法。改造由政府专项拨款，有文物专家介入指导，并把房地产商排除在外，有利于在改善居民居住条件的同

 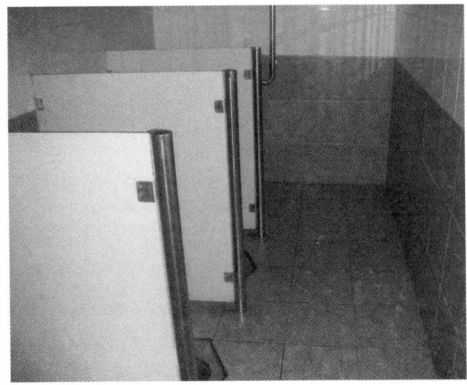

图 2-20 东四地区某民居内窄小的厨房　图 2-21 该民居旁的公厕内部

表 2-3 当地居民、居委会及施工人员对北京胡同改造的部分评议

四合院翻建	粉刷外墙	基础设施改造
①"挺喜欢的,但不彻底。房子里面过去都是碎砖,改造后墙上不掉灰了,虽然面积没增大,但是新的,住着心里踏实了"(东四八条某居民) ②"翻建也不是很满意,居住密度在加大,原来的四合院风貌占的比例很小,大部分都变成杂院了,生活所迫,再盖房子,四合院拥挤,应该是长期行为,如疏散人口"(某居委会) ③"外面看像精品院,里面是鸽子房,太挤!"(东四九条某居民) ④"只是外面,里面都变了,北京已经变了,只有南城这儿有清朝和民国时期的建筑风貌。"(某施工人员) ⑤"对改造满意,只是对我来说不太好,改造前我刚花10万元装修了,翻建都拆了,不过现在结实了,不漏雨了,但还没有卫生间"(东四五条胡同某居民)	①"粉刷不好,没给居民带来什么好处,里面乱七八糟"。(东四八条某居民) ②"院子通道的地面重铺了,外墙粉刷了,好看了"(成贤街某居民)	①"东四三条、四条、五条路灯线埋在地下了,基础设施都有,生活便利了"(东四八条某居民) ②"市政重复施工,分工不同,所以要多次开挖"(某施工人员)

图 2-22 北京胡同改造现场（1）　　　　　　图 2-23 北京胡同改造现场（2）

时，最大限度地保持胡同的'北京味'。"[1] 但是，也有声音尖锐地指出："胡同改造"更像一个"政治工程"，改造中还存在诸如"造假古董"之类的问题。旧城改造是功是过，我们需要更加理性地分析和看待（图 2-22，图 2-23）。

3. 现象背后的问题

（1）关于价值

近年来，一些专家及地方领导逐渐认识到大拆大建的种种弊端，于是，"原样重建"或称"修旧如新"的旧城改造模式方兴未艾。由于改造后的街区仍然保留着传统的建筑风格，维持着一定的历史风貌，因此许多人认为这就是城市遗产保护的正确方法，实际上，这是遗产保护的另一个误区。

所谓的"修旧如新"或"原样重建"实际上就是将老建筑推倒后在原址上使用新材料、按照原式样重新建造。比如奥运前夕的北京胡同改造，虽然在整体上很好地传承了传统街巷格局，但是，这不是真正的保护，这

1　王颖佼，王光照. 10 亿元打造怎样的北京胡同 [N]. 中国青年报，2008-02-05.

样的"原样重建"使建筑的历史价值荡然无存。新建筑无论模仿得如何逼真，都无法追回逝去的时间，如此的传统街区更新模式丢失了古建筑的历史价值。由于前期研考工作的不充分，一些有价值的老宅院在此次改造工程中受到了忽视，虽得以侥幸留存，但仍亟待被整修、保护。

那么，"修旧如新"或"原样重建"的科学价值和艺术价值如何呢？如果是对历史建筑忠实的模仿，它会具有一定的科学价值和艺术价值，对历史建筑的研究会有一定的参考意义，但是，据我对该改造项目施工人员的调查中得知的情况是，他们重建的依据就是房管所提供的平面图，加上建筑工人的个人经验。这说明重建的依据并不充分，其模仿的忠实性受到质疑，因此该项目重建建筑的艺术价值和科学价值也是极其有限的。有些人以伊势神宫为借口，认为对历史建筑的模仿与重建是合理的；但是，伊势神宫传承的是一种思想和一种建造模式，而在我国已没有对过去帝制的认同，没有对清王朝的认同，现存的建筑与城市遗迹只是历史的见证。可见，如果采取"修旧如新"的保护方式，古建筑连最基本的"见证文物"的功能也会消失。

许多人误以为整体性就是追求"风貌"的统一，通过对旧城区传统建筑的"修旧如新"来换取的和谐实际上只是一种视觉上和心理上的宽慰，而为此付出的代价却是城市遗产的生命力——其历史价值的丧失。

（2）关于历史性

无论是南池子工程，还是2008年奥运会前的北京胡同改造，基本上都采取了推倒旧房子，重建新房子的"修旧如新"做法，虽然是按照传统风格建成的低层建筑，但是它不符合遗产保护对历史性的要求。

首先，重建的新房子没有时间的历史叠加痕迹，而原真性的根本就在于它的时间性，在保护中如果无法体现它的时间性和历史感，那么城市遗产本身的价值将被遮蔽。历史建筑应该是历史的原物，而利用现代材料重新修建的是新建筑。在老建筑被拆除的之时，其实已经宣判了它的消亡，它的存在已经结束了。重建起来的建筑，是一个新的存在，它所代表的技术、材料、工艺水平都是当代的，不具备时间的累积过程，而我们所要保护城市遗产的根本目的就是要保护镌刻在遗产上的那一段时间历程，那一段历史岁月。

其次，2008 年的北京四合院改造中，将原来的临建、搭建建筑又予以重建，原有的四合院格局消失了，等于承认了现在大杂院的合理性，实际上这会给当代人、甚至后代人以历史认知的误导。城市遗产是历史学家研究历史的证据，这些历史证据是他们叙述历史的出发点，借此建立起对过去的认识。罗斯金将建筑称为"人类遗忘的强大征服者"，它是人类记忆的载体，是历史和生活的反映。让历史的真面目展现出来，这需要原始资料有可靠的信赖度。只有证据具有真实性，历史才可能具有真实性。如果某个历史证据是伪造的，那么历史学家也无能为力了，我们的后代更是无法了解真正的过去，甚至会根据伪造的证据去理解历史，所以，认识历史需要城市遗产的原真性。

再次，城市遗产能帮助人们建立起关于政治、习俗、艺术和技术的认识能力，"带着信息的建筑，蕴含着改变人和历史的力量。"[1] 在我国的传统街区改造中，原住民常常被迁走，有的改造把原来的住房全变成了商店，或更换成别的用途。国际上一直倡导保护历史建筑真实的历史信息，留住原住民，因为在老城区，老百姓也是历史文化的重要承载者。2008 年的北京胡同改造虽然没有迁走当地居民，但是由于人口过剩，数量远远高于片区合理居住密度，造成居民自行加建的行为难以控制。可见，这期改造后的北京胡同仍然没有从根本上解决居民的生活问题，给未来带来隐患。

---

1 [日] 西村幸夫. 再造故乡魅力——日本传统街区重生故事 [M]. 王惠君, 译. 北京：清华大学出版社, 2007: 109.

总之，从历史性的角度分析，这种拆除重建的方式不符合城市遗产保护原真性的要求。对城市旧区的保护与更新应体现历史发展的痕迹，把有价值的老建筑留住，然后根据现有建筑的质量区分对待，进行有机更新。

（3）社会经济因素

将城市旧区的老房子推倒重建，使用新材料、新工艺，虽然表面看上去也是原样原修，但是在重建过程中如果没有充足的依据，只是简单地模仿老房子样式，实际上这并不是科学的保护。1930年梁思成先生提出"修旧如旧"的理念，并不是要求修建外貌相似的传统建筑，而是强调古建筑维修时不要里外翻新，要使其"延年益寿"，而不是"返老还童"。以上两个旧城改造项目中拆除老建筑，在原址按原样重建传统建筑，正是一种"返老还童"的做法。在此过程中，历史的真实信息消失了，将保护仅仅限于注重"风貌"的改善，而忽视了最核心的保护历史全部信息的意义。现实中，我国传统街区老房子普遍基础设施落后，存在的问题很多，是当前我国城市建设中非常棘手的问题。实际上，西方发达国家也曾经历过类似的窘态，1970年，欧洲的大量城市被破坏，老街区的生活条件很差，但是他们积极寻找解决办法，并综合政策、资金等各种策略，采取整体性的方法，使许多老街区得以保留。我国目前的传统街区改造模式依然显示出急于求成的心理，希望短期见效，实际上对于城市的老街区，唯一的办法就是一点一点地改善，短期、大规模的街区改造是不现实的。

为求风貌统一，对老房子采用粉刷外墙的办法，虽然外表很光鲜，但决策者没有理解保护的宗旨，仅仅把城市遗产保护看作改善城市形象的工具，造成对城市遗产保护理念的误导。实际上，外表的改善并不能真正解决老百姓的生活问题，旧城改造的"形式主义"仍然泛滥，在这种思想指导下，城市发展中必将充斥越来越多的"形象工程"或"政绩工程"。

简·雅各布斯介绍美国也曾经有过类似的状况："在整整四分之一个

世纪中,我们的经济和社会中没有哪个部分像城市一样曾被这样有目的地加以控制,以准确地达到我们正达到的情况;政府对城市给予了特殊的财政优惠,但最终的结果确实出现如此程度的单一、僵化和粗俗"[1]。她批判规划师忽略了城市是一个正在运行着的、有活力的场所,对城市的认识较之城市的复杂需求相距甚远。我国的历史街区由于年久失修,大多房屋破旧,基础设施不全,环境亟待改善。在资金不足的情况下,许多城市采取了开发的办法,形成历史街区高密度,甚至高容积率的发展模式,结果使历史街区的整体氛围遭到破坏。在市场经济条件下,在地方政府没有保护资金和保护意识的时候,很难保证古城中历史街区的良性存在和发展。我认为,对我国的历史街区应采取循序渐进的小规模发展模式,将街区内建筑逐栋调查,针对每幢建筑采取不同的措施,有的需要保护,有的需要维修,也有的需要拆除和重建。保护前提下的发展是一个长期的过程,需要深入细致的工作。

以上列出我国目前的各种城市遗产保护思潮和现象反映出政府、专家、开发商以及公众对城市遗产保护不同的理解,这些保护思潮与实践的背后也隐藏着深刻的社会问题。一些人把保护古城和发展对立起来,认为保护与发展相矛盾;一些人片面地把保护看成是发展旅游,并在古城内大量建设假古董,等等。把追求经济利益放在首位,而且无视城市遗产保护基本要求的现状严重地阻碍着我国城市遗产保护事业的健康发展;另外,人们对遗产原真性内涵的一些片面认识也是造成当前各种保护误区的重要原因。

---

[1] [加]简·雅各布斯. 美国大城市的生与死[M]. 金衡山, 译. 南京: 译林出版社, 2006: 5-20.

第二篇　保护的误区

专家的见解

　　这一篇章的内容主要通过记录、整理现场访谈的形式展现。作为同济大学博士研究生的李红艳采访了国内规划界、建筑界、考古界的城市遗产保护专家,他们的观点具有代表性,对我国的遗产保护实践具有重要的指导作用。通过研读各位专家已发表的论文,发现他们基本上都赞成坚持"原真性",但是专家的观点之间却有相互碰撞之处,甚至存在很大差异,因此非常希望通过面对面的交流解开症结。

九、文物及考古专家

国家文物局古建筑专家组（前）组长罗哲文访谈

罗哲文先生是中国古建筑学家，曾任国家文物局古建筑专家组组长、中国文物学会会长、全国历史文化名城保护专家委员会副主任等。罗先生1940年考入中国营造学社，师从著名古建筑学家梁思成、刘敦桢等。1946年在清华大学与中国营造学社合办的中国建筑研究所及建筑系工作。1950年始，先后任职于文化部文物局、国家文物局、文物档案资料研究室、中国文物研究所等单位，一直从事中国古代建筑的维修保护和调查研究工作。主要著作有《中国古塔》《中国古代建筑简史》《长城》《长城赞》《长城史话》和《中国帝王陵》等。2008年，我非常幸运能够有机会采访罗哲文先生，对罗先生的采访，至今我仍记忆犹新。2012年5月14日罗先生与世长辞，留给后人珍贵的研究与实践成果。

每次忆起罗老，就想起他家里一屋子的书。2008年11月24日，罗哲文先生告诉我采访的地点，在北京市安贞里小区。于是，我早早地来到这里，等待时间的到来，以免来得太早打扰罗先生的午休。我在小区楼下转了几圈，终于到与罗老约定的时间了，我来到罗老家的楼下，正准备按门铃，这时一位清瘦但精神很好的老人骑着自行车来到门前，我一眼认出这就是罗哲文先生。我带着万分欣喜的心情，随着罗老来到了他的家里，罗老的夫人也在家。罗先生虽然已是建筑界泰斗级人物，但是一点也没有大专家的架子，让我倍感亲切。罗老让我坐在沙发上，我环顾一周，被惊呆了：罗老家里最多的就是书，两间屋子里摆着各类书籍，没有华丽的家具，家里甚至堪称简朴，让我不禁对这位老专家肃然起敬。在愉快的气氛中，我就文化遗产保护的诸多困惑向罗哲文先生请教，以下是访谈的主要内容。（采访内容在整理之后，已经罗哲文先生审阅）

李：关于城市遗产保护原真性，国内有很大的争议，很想知道您的看法？

罗先生：对于这个问题应从两个方面理解：一方面是城市的原真性，另一方面是具体的文物保护单位和单体古建筑的原真性。

对于城市（即历史文化名城），其原真性总的来说是整体风貌问题，不是要求一点不动，城市要发展，又要保护风貌，包括总体的布局、轮廓、历史街巷、重要的历史遗存等等。当年梁思成先生提出的"另建新区"是很好的办法，古城要整体保护，但不像古遗址一样要求不能动。这方面有很多理论，也有很多办法，中国、外国都有，一种是整体不动，如平遥、丽江的保护，改善公共设施和上下水等基础设施，这是一种比较好的办法；还有一种方法是点、线、面的保护，分区分片，如北京内城区（老城）划定25片保护区，线是指能连成一条路线的，比如一条街，点就是文物保护单位，这也是一种保护方式。

现在来说，我国的历史名城没有一个是原状的，北京其实也不是整体的，城市的原真性只能体现在整体风貌上。历史名城里也分几种，如一条街，文物保护单位按相应的规定保护；因为老城要多保存一些建筑,所以一些不是文物保护单位的建筑也需要保护,日本、新加坡都有这样的保护实例。一条街上虽然没有保护单位,但为了保护这条街,门面都不高,利用起来,不改变原状,新建筑咖啡馆照常用。还有一种保护方式是建筑里面改变了,门面保留,有的甚至只保留门面,后面全部重建了,但这条街的风貌不变。现在北京的前门大街有争议,一是道路拓宽了,其实梁思成在1953年的发言中建议拓宽120米,历史上的长安朱雀门大街宽约150米,具体如何安排,现在有争论。总之,历史文化名城内的街道,不是完全不变,有价值的应该保留,有些情况下也可以改变。

李: 对单体建筑呢?

罗先生: 以上说的是城市,对于单体建筑和建筑群,原真性就是原状。对"原状"的理解有些不一致,梁思成提出"修旧如旧","旧"也有不同的理解,我理解就是"原状"。它不是破破烂烂,而要分别对待,如石头的雕刻,不可能恢复它,就按现在的状况;木结构是很规范的,斗拱、梁柱都有特殊的型制,换就按原来的工艺换;争议多的是彩画。一般来说,主要根据原来彩画的价值和保存状况,如唐宋时期的,稀少了,就不能重画了,就要想办法保护下来;到了明清时代,都比较程式化、图案化了,木结构的彩画大部分外檐经过风吹雨打都坏了,比如太和殿,它是康熙时候的,内檐的彩画还是康熙时的,外檐重画多少次了,保存没有必要了。彩画要看它有没有价值,有价值保,没价值重画。太和殿应按康熙时的风格来画,因为有内檐做参照,外檐也应该这样画,不能康熙时的建筑弄个光绪时的彩画。我的意见是建筑彩画应该和建筑主体是一致的。故宫整体的风貌我认为应该是金碧辉煌的，因为故宫本身存在的价值就是金碧辉煌，要显示帝王的气魄，后来破破烂烂，不是它的原状，但金碧辉煌要按它的时代来画。外观几十年就坏了，风吹雨打，过不了多久；内檐能保存久，它的油漆能保护木头。

李：中西方历史建筑修复的差异主要体现在哪些方面？

罗先生：外国是两个因素决定了它的保护方法：自然的和文化的。自然的因素主要是砖石建筑，可以露天保留；文化的因素主要是修复中他们强调对比，本来是花岗石的或大理石的，用红砖来补，能看出来哪些是原来的，哪些是古代的。我们中国讲究和谐，对比看起来难看，这个应该有中国特色，我一直强调中国特色，根据本身的物质条件来保护。中国木结构的建筑，坏了必须修，斗拱缺了，必须补，不然就塌掉了。

李：中国古建筑的修复是否要有"可识别性"，还是要看不出来？

罗先生：这个要具体来说，传统的要随旧，就是跟原来的差不多，现在也有人主张要可识别，有几种办法：一种在建筑构件本身做标记，另外颜色也不要相差太大，有一点差异，看不出来就是了。

李：我以前对照胡雪岩故居的历史照片和修复后的建筑，发现图片上的玻璃色彩和修复后的玻璃色彩差异很大，您觉得呢？

罗先生：胡雪岩故居属于有依据的重修，保存了一部分，我觉得还是可以的，我还是支持的，因为不修就没了，至少保存下来了。不管它是谁修，它还存在，文物最大的价值就是它存在。当时只剩一点局部，开始是要拆的，拆了就没有了，它还是有根据的，大部分是重修的。

中国建筑学会建筑史学分会理事长杨鸿勋访谈

杨鸿勋教授在20世纪50年代中叶"向科学进军"期间，经国家分配担任国际著名建筑家梁思成助手，主攻建筑历史与理论。

20世纪70年代初，梁思成教授去世后，杨教授接受著名考古学家夏鼐所长之邀，进入中国科学院考古研究所，开始了艰辛的"建筑考古学"创建工作。从事中国建筑历史文化研究长达50余年的杨教授，被建筑史学界推选为建筑史学会理事长，成为学科带头人。他完成的重要工作之一，是首次召开了中国建筑史学研究的国际会议——有14个国家和地区代表参加的"第一届中国建筑史学国际研讨会"，这次在北京香山召开的国际会议，一致通过了在世界范围内为中国建筑正名的《香山宣言》，被誉为建筑史学史上的里程碑。

我们知道他对作为世界共识的历史建筑保护的《威尼斯宪章》有质疑。2008年11月23日，我能够有幸采访杨教授，感到这是一个十分珍贵的机会。（采访内容在整理之后，已经杨鸿勋教授审阅）

李：2007年1月您在《建筑文化》杂志上发表了一篇题为《关于历史城市与历史建筑保护的基本观点》的文章，您提出：对《威尼斯宪章》针对西方传统建筑保护所提出的"原真、整体、再生"以及"可识别、可逆性"等理念及原则有分析的认识，才能搞清中国历史城市和历史建筑保护和传递历史信息所特有的原则和具体措施。为什么您提出《威尼斯宪章》需要修正呢？

杨先生：《威尼斯宪章》自制订以来，对于世界历史建筑的保护起到了积极的作用，这是应当首先肯定的；但是它有不足之处，也是应当提出质疑的。

20世纪60年代一些欧美从事历史建筑整修工作的建筑师和技术人员在意大利威尼斯召开的第二次国际会议，通过了这个被称作《威尼斯宪章》的文件，号称是全世界的共识。但是，由于与会者没有一位是代表东方建筑体系的专家参加，所以在认识上有很大的局限性，即这个文件只是概括了西方砖石建筑的保护理念和原则，而不完全适应东方木构为主的建筑体系。以西方机械论思维的凝固的观点来对待西方无机材料和建筑理念的砖石建筑，其"原真性"就是定格在一个历史阶段。例如古希腊石造的帕特农神庙，即使残破而不予整修就可以保持残状若干年。但是对待北京古老的木构为主的太和殿，当年被英法联军破坏之后，残破而不予整修，它的木架遗构在风雨飘摇中能待多久？还能保存至今让我们看到它的风采吗？怎么还谈得到传递历史信息给子孙后代呢！再就是按照《威尼斯宪章》对待砖石建筑的态度，整修要有"可识别性"，例如太和殿，把帝国主义联军打掉的半个屋顶整修所换的琉璃瓦，为了识别，不能用原来的黄色，而改用其他颜色，这样修一次变一次，不成了大花脸了吗？那还有什么"原真性"可言？这样看来，它不能够真正成为世界共识的历史建筑保护的《威尼斯宪章》。对此，我们的一些专家却是不加分析地盲从，把这个《威尼斯宪章》奉为不准怀疑的经典，这是应当加以纠正的。按照砖石建筑保护整修的原则和措施来对待中国木构体系建筑的结果，自然是不适合的。这样失败的案例不少，杭州的河坊街就是其中之一。

李：《威尼斯宪章》为什么只是着眼于西方历史建筑的保护，而忽略了东方建筑呢？

杨先生：《威尼斯宪章》中没有考虑到以中国为核心的东方建筑体系，是一个严重的失误。导致这一错误的产生，不是出于无知就是出于偏见——欧洲中心论残余的表现。

东西方两大文明体系决定了东西方两大建筑体系。东方建筑体系发源于中国。作为东方建筑体系核心的中国建筑，长期以来不被国际学术界所正视，这主要是由于18世纪60年代欧洲产业革命之后，西方资本主义大发展，世界文明中心转移到欧洲，中国沦为资本主义掠夺的对象，毫无国际地位可言。英国人班尼斯特·弗莱彻（Banister Flecher）于1896年出版了一本讲述世界建筑的书，叫作《比较法建筑史》（*A history of Architecture: on the Comparative Method*），在直至20世纪60年代的半个世纪中多次再版，在世界范围内的影响很大。这本书1905年第5版的扉页，仍然有那张表示世界建筑发展谱系的大树图表，树上结出的果实代表了不同阶段和地区的建筑成就。图中，表示世界建筑发展的正统主流——大树主干从树根到树梢，所结出的果实依次是古代巴比伦、埃及、希腊、罗马直到近代文艺复兴的建筑，大树的顶端是代表人类建筑最高成就的美国现代摩天楼。其他国家和地区的建筑成果都是主流之外的一些枝杈；位于大树上部的"累累硕果"均为欧洲各国建筑；最低树枝右侧倒数第二行的果实，写着Chinese & Japanese，代表东方建筑体系，与另一侧尚处于原始状态末期的古代南美印第安人的建筑并列，是很低下的一个枝杈上所结的"非历史传统式样"（Unhistorical）的小果子——表明中国为首的东方建筑是"旁门左道"，对人类建筑

九　文物及考古专家

弗莱彻尔的世界建筑发展大树图表（来源：杨鸿勋教授提供）

的发展没有起过任何作用。同年，另一个英国人 J. 弗格森（James Fergusson）在《印度及东洋建筑史》一书中宣称："中国无哲学、无文学、无艺术；建筑中无艺术之价值，只可视为一种工业耳。此种工业，极低级而不合理，类于儿戏"。更贬低日本建筑为"拾取低级不合理之中国建筑之糟粕者，更不足论"。这就是长期以来西方学者对中国建筑的基本看法。所以在他们制订世界历史建筑保护《威尼斯宪章》的所谓"世界共识"时，没有考虑中国所代表的东方建筑体系是很自然的事了。

李：究竟中国所代表的东方建筑体系在世界建筑史上有没有贡献呢？

杨先生：源于中国的东方建筑体系——包括朝鲜、日本、越南以及东南亚的部分地区的传统建筑，实际情况是怎样的呢？我在香山会议开幕式的演讲中，面对国际学术界公开地、正式地作出了回答。我从结构学、建筑学和建筑材料三大方面列举史实，有力地说明了中国建筑对世界建筑的发展曾作出重要的贡献，为与会各国学者所认同，赢得了中国建筑在世界建筑史上应有的地位。我演讲的基本内容，作为与会学者的共识，被写进会议一致通过的《香山宣言》。可以列举人类第一座摩天楼的建成，说明中国建筑结构方面的贡献：

首先在英国掀起的工业革命，促成了欧洲的工业化，从而引起城市化。西方资本主义工商业的发展，使城市中心的地段寸土寸金，于是向建筑提出了往高空发展的社会需求——这是对西方传统建筑的极大挑战。按照西方承重墙支撑的建筑体系，由于自重太大，建造超高层很难实现。大约一百年前，美国第一座摩天楼的建筑师著文声称，他是吸取了东方建筑木构架体系原理，才解决了摩天楼的结构问题。换句话说，人类第一座摩天楼在美国芝加哥拔地而起，是依照中国仿生学的（"骨架是骨架，皮肉是皮肉"）木构架建筑——"墙倒屋不塌"的构造原理的结果，也就是说，现代摩天楼的建筑成就，是"中学为体，西学为用"——东西方建筑智慧融合的结晶，怎么能说中国对世界建筑的发展没有任何贡献呢？！

从建筑学（Architecture）来看，20世纪初叶，美国学者建筑师弗兰克·劳埃德·莱特（Frank Llyod Wright）突破西方传统只重体形的凝固的建筑理念，提出"有机建筑论"，从而引起世界现代建筑革命,则是立论于老子的"有之以为利,无之以为用","有""无"对立统一的空间学说。

再从建筑材料说,20世纪70年代,日本解决新干线铁道钢筋混凝土轨枕的抗酸、碱问题,是得到中国在公元1世纪就已发明的无机陶砖用有机植物油处理的启示,而创造出无机的混凝土用有机的高分子材料环氧树脂养护——有机、无机材料相结合原理,而引起世界建材革命。这是中国对世界建筑发展的另一重大贡献。以上是中国建筑对世界建筑发展曾经做出的主要贡献。时至今日,中国建筑遗产中最为宝贵的科学核心——人为环境与自然环境相融合的思想,对于环境危机的今天来说,更是亟待发扬、拯救人类脱离污染苦海而到达净土彼岸的慈航方舟。中国对于人类还将继续做出更大的贡献。

李:您年近八旬还没有停歇建筑历史文化的研究工作,同时对历史建筑保护仍然是十分的关心。您不仅在东方建筑体系的认可问题上,面向世界公开纠正西方学者的误解;而且在人类建筑遗产保护问题上,您也曾直爽地向号称"国际共识"的《威尼斯宪章》提出了质疑,是吗?

杨先生:我不是专门做历史建筑保护工作的,没有机会代表中国直接在国际保护组织的会议上提出问题和建议。但是差不多20年来,我在国内外凡有机会就宣讲我的看法。

我曾多次对中国和日本做历史建筑保护工作的专家们呼吁:1964年,欧美国家从事历史建筑保护维修工作的建筑师和技术人员在威尼斯举行第二次会议上通过的《威尼斯宪章》,由于没有一位东方学者参加,它只是对砖石建筑保护提出原则性规定,竟然没有涉及人类另一支重要建筑体系——东方木构的传统建筑,不能说是"国际共识"。请他们在国际保护会议上提出"《宪章》忽略了对世界建筑发展做出贡献的东方建筑遗产的保护"这个问题。20多年来,我在国内、日本与历史建筑保护专家们交谈的结果,首先是日本在一次国际会议上提出了《宪章》没有概括木构为主的东方建筑保护问题。最终,是在2006年,中国国家文物局和UNESCO(联合国教科文组织)、ICOMOS(国际古迹遗址理事会)、ICCROM(国际文物保护与修复研究中心)等国际保护组织在北京共同开会研讨,经过紫禁城大修现场的考察和会场辩论的结果,终于通过了关于以中国为代表的东方历史建筑保护问题的《北京文件》——这无异于是一份《威尼斯宪章》的补充文件,总算是促使《宪章》的制订者们前进了一步。

我重申:《威尼斯宪章》的精神是正确的,它起到的作用是积极的。它已使历史建筑的保护成为全世界的共识,有利于把重要的历史建筑保存下来,传给子孙后代。现在补充了《北京文件》,基本上弥补了它的局限性。我们希望进一步地修订《宪章》,使它真正成为全人类所创造的优秀建筑保护的全面指导原则,以期使建筑遗产长久地保存、传递给后代。

李: 听说杭州胡雪岩故居整修时是有争议的,多数专家是主张按照《威尼斯宪章》的要求做,而您在此项修复工程所聘的顾问中,开始时是唯一赞成全部复原整修的,是吗?

杨先生: 是的。因为胡雪岩故居有足够的材料作为科学复原的依据,所以我赞成复原整修的意见。这种有科学依据的复原整修不能与"假古董"同语,天安门城楼、北京妙应寺山门、清华大学二校门等都是重新做的,但是不能叫作"假古董"。这在日本称作"模型保护",例如再现千余年前平安时代的平城京皇宫朱雀门和太极殿,是原大的科学复制品,它以科学模型的方式代替原物保存下来。

李： 胡雪岩故居的修复在国内得到一致赞扬，而且已经被国家文物局颁布为"全国重点文物保护单位"。那么，在国际上怎么评价呢？

杨先生： 现在还没有听到国际保护组织关于胡雪岩故居修复的反应，但是外国学者是有好评的。我想国际保护组织一旦审查了解了情况，也会赞成的，因为有先例——日本朱雀门和太极殿的复建已经得到 UNESCO（联合国教科文组织）的认可，并被列入"世界文化遗产名录"。

李： 胡雪岩故居修复时，有现存的部分建筑，有考古材料、破坏前的老照片和总平面实测图、当年胡雪岩好友写的胡宅记录以及破坏前在这里居住的居民访问材料等，但是并不是所有的地方都有复原的依据，会包含有一定程度的想象，您觉得呢？

杨先生： 对于已经不存在的历史建筑的考证，总是有局限性的，不可能做到百分百。科学研究是允许、也是必须有推理的，所以恩格斯说："自然科学只要在思维着，它的表现形式就是假说。"

李： 杨教授对建筑遗产保护所付出的劳动，以及创立"建筑考古学"的功绩，使得以遗产保护著称于世的俄罗斯国家建筑遗产科学院主席团一致通过授予您外籍院士的荣誉；同时，使联合国教科文组织聘请您成为唯一中国顾问。您的成就已被国际所认可，祝愿您在建筑文化的研究和保护方面做出更多的贡献。

十、城市遗产保护专家

中国城市规划设计研究院（前）顾问总规划师王景慧访谈

（阮仪三与王景慧先生一同获得法国骑士勋章）

王景慧先生曾任建设部城市规划司副司长、中国城市规划设计研究院总规划师、国家历史文化名城保护专家委员会秘书长等，是我国历史文化名城保护事业的奠基人之一。他提出历史文化名城三个层次的保护体系并最早提出保护历史街区的概念；足迹踏遍百余个古城、古镇、古村，为我国的文化遗产保护事业呕心沥血；曾主持平遥、丽江、皖南古村落、西递、宏村世界文化遗产申报工作并获得成功；2005年5月，获得法国文化部"艺术与文学骑士勋章"；2012年，被中国科学技术协会授予"全国优秀科技工作者"荣誉称号。遗憾的是，2013年1月3日王景慧先生永远离开了我们，让我们深深缅怀。

采访王景慧先生，是在2008年，在他来同济大学讲学期间。在此之前，我也曾多次请教王景慧先生。第一次认识王景慧先生是他来西安开会，我陪同王老师和他的学生一起调研西安鼓楼。后来听闻王老师与挪威科技大学的哈罗德教授团队合作保护四川阆中，每次听他讲起古城古镇的保护，都能感受到他对祖国文化遗产的深深热爱之情。在我撰写博士论文期间，王先生多次帮我修改论文，他的治学态度十分严谨，让我敬佩！2008年10月18日，恰逢王先生来上海同济大学开会，我有机会再次向王景慧先生请教，主要围绕文化遗产保护的基本理念——"真实性"的问题。（采访内容在整理之后，已经王景慧先生审阅）

李：很想请教您关于城市遗产保护原真性方面的问题，"authenticity"是否更强调真实的一面？

王先生：讲到文化遗产的保护原则，有"真实性"和"原真性"两种讲法，英文的是"authenticity"。这涉及英文的翻译，也涉及文化遗产保护原则的正确表述。

先说翻译，英文"authenticity"这个词有"真正""真实"的意思，也有"确实""可信"的意思，还有"原初""最初"的意思。一个生活中的词汇用到专业的学术文章中，往往有其特定的意义，或是用了原词的某一部分意思；或是在原词的基础上加以引申，强调的是一层新的意思。在《威尼斯宪章》中用了它，取的是什么意思？强调的哪一层意思呢？

《威尼斯宪章》中讲了文物保护修复的原则：一是规定要保存历史的原物，修复要以历史真实和可靠文献为依据，反对一切形式的伪造；二是要保存全部历史信息，要保护古迹在各个时期的叠加物，如同让人读出历史长卷的各个章节；三是修补时要整体和谐，但又要和原来的部分有明显区别，让人可以区分真假；还有对遗址要保护其完整性，用正确的方式清理开放而不应重建；古迹的保护包含着它们所处的环境，一般不得迁移等等。从这里可以看出，文件所强调的真实性包括了遗产存在的历史长河中各个阶段的真实，既有最初刚刚建成的时候的真实，也包括历史上各个时期的叠加物，并非只是要求原初的真实。

再看看中国在法规政策方面的说法。我国的《文物保护法》规定文物的保护维修应遵循"不改变原状"的原则，何谓"原状"？由国家文物局批准、中国文物保护协会公布的《中国文物古迹保护准则》中说：必须原址保护，易地保护要经批准；尽可能减少干预；定期实施日常保养；保护现存实物原状与历史信息；修复工程应当尽量多保存各个时期有价值的痕迹，恢复的部分应以现存实物为依据。由此可以认为，"原状"包括了刚建成时的原状，也包括现存实物状况，还包括各个时期的痕迹。这和《威尼斯宪章》中讲的原则是一致的。

知道了这些专业背景，再来看看"authenticity"这个词该怎么翻译。外国的词汇要想在中文中找到完全一致的对应词是很难的，不是包含的意思的范围不一致，就是在包含的多项意思中所要突出强调的重点不同。"authenticity"翻译成中文，就得考虑中国人是怎么从中文的字面上来理解它的意思的。中文的"真实"和"原真"差别在哪？"真实"是并列的词组，"真"和"实"的意思相似，只不过，现代的文章喜欢用两个字组成词，读起来上口，其实在古文一个字就是一个词。"原真"是复合词组，"原"是指最早的和本初的状态，用"原"来修饰和限制"真"，是个特地造出来的词。这两个词哪个更接近"authenticity"的原意呢？从文字学的角度看，"原真"让人一眼就看出有"原初的真实可信"的意思，与"authenticity"字典上的意义更接近一些。但从专业用语上看"authenticity"所要表达的不只是"原初的

十　城市遗产保护专家

真实可信",还要表达历史全过程的真实可信,所以用"原真"倒是显得不全面了。而用"真实",它既没有强调原初,也没有强调全过程,但却是哪项也没丢,所以它更接近专业上的含义。

以上是讲的翻译,若直接用中文讲文化遗产的保护原则,在国家的正式法规文件中用的都是"真实性",要求保护历史过程的全部真实,不赞成恢复到原初的状态,不要整旧如新。此时若用"原真性"会让人以为是强调原初,有可能引起误解。所以我认为,不管是翻译国外的文章,还是写中文的文章,都是用"真实性"为好。

同济大学教授张松访谈

张松教授现任同济大学城市规划系教授,博士生导师,上海同济城市规划设计研究院高级规划师,兼任中国城市规划学会规划历史与理论学术委员会副主任委员,中国建筑学会工业遗产学术委员会副主任委员,上海市建筑学会历史保护委员会委员,日本都市计划学会正会员等。张松教授长期从事城市规划专业的理论研究、教学和工程设计,主要参与的"江南古镇保护理论研究与实践"获2003年联合国亚太地区遗产保护杰出成就奖;"上海历史文化名城保护规划研究课题"获1993年度上海市技术进步奖三等奖;完成多项历史文化名城保护规划项目,获得国家和省部级规划设计奖项。

张松教授出版了多部具有重要影响力的著作,如《历史城市保护学导论》《为谁保护城市》《城市文化遗产保护国际宪章和国内法规选编》《历史城市保护规划与设计实践》等，其中《历史城市保护学导论》是一本颇为经典的著作，已经出版第二版，此外发表了数十篇学术论文。

每次与张松教授交谈，都能感受到他极其敏锐的洞察力和缜密的思维，对各种城市现象他往往能提出独到、深刻的见解。张松教授的历史城市保护课非常受学生的喜爱，他讲课的内容深刻，语言幽默。我在同济大学读书期间，能够时常得到张松教授的教诲，觉得自己非常幸运。

访谈时间是 2008 年 12 月 17 日，地点是同济大学建筑与城市规划学院 C 楼 510 室。（采访内容在整理之后，已经张松教授审阅）

李：对中国文化遗产保护中"原状"的理解，有人说原状应该是最辉煌时期的状态，您曾指出，应该是"目前的真实状态，包含其历经沧桑的'年轮'印记，甚至还有受到一定侵蚀的信息"，我们现在对原真性理解的问题出在哪里？

张教授：对于一件艺术品、历史建筑或文物古迹，原真性可以被理解为那些用来判定文化遗产意义的信息是否真实。文化遗产保护的原真性表达了遗产创作过程与其物体实现过程的内在统一关系，其真实无误的程度以及历经沧桑受到侵蚀的状态。现在我们许多地方喜欢做明清风貌街道，或做仿古建筑以求风貌协调。早在 1943 年，由勒·柯布西耶（Le Corbusier）修订的《雅典宪章》首次在巴黎出版，其中第 70 条就指出："借着美学的名义在历史地区建造旧形制的新建筑，这种做法有百害而无一利，应及时制止。"并且认为，"这样的方式恰是与传承历史的宗旨背道而驰的。时间永是流逝，绝无逆转的可能，而人类也不会再重蹈过去的覆辙。那些古老的杰作表明，每一个时代都有其独特的思维方式、概念和审美观，因此产生了该时代相应的技术，以支持这些特有的想象力。倘若盲目机械地模仿旧形制，必将导致我们误入歧途，发生根本方向上的错误。因为过去的工作条件不可能重现,而用现代技术堆砌出来的旧形制,至多只是一个毫无生气的幻影罢了。这种'假'与'真'的杂糅,不仅不能给人以纯粹风格的整体印象,作为一种矫揉造作的模仿,它还会使人们在面对至真至美时,却无端产生迷茫和困惑。"(1)同样的,《佛罗伦萨宪章》中也指出:"在一座园林彻底消失,或只有某些历史时期推测证据的情况下,其重建物不能被认为是历史园林。"

原真性观念是允许历史遗产适度变化的,不是强调"一成不变"或保持"原初面貌"。文物建筑本身被破坏了,有安全隐患了需要修缮,如果"不改变原状"要求功能也不改变,可能就错了,比如,如果原来住过名人,现在名人不在了,还能要求它一定要保持原有功能吗?不能消极地保护文物古迹。何况现在文物的概念已经扩展了,历史街区等城市遗产的保护还不是文物范畴的问题。原真性理念反映了时间的积累,至今我国对原真性理念可能还没有达成共识,有的人希望找回历史上的原点或最辉煌时的景象,类似西方的风格性修复吧。建筑也许还有"原初"的样子,那么历史街区呢?如我们通常说的城市是个有机体,那怎么可以把它当成一个物品,放在博物馆里一成不变呢?!其实即使在博物馆里,也要需要控制温度、湿度和光线等环境因素。在自然环境中的历史街区,有那么多人居住生活,而且每个人的想法又不一样。历史街区的文化和活力主要反映在人的生活,不能把原住民都赶走了,而应当增加维护成本,改善居住条件,鼓励原住居民留下来生活下去。

李:在实践中,您提出"保护性破坏"的现象,为什么会出现这样的问题?

张教授:所谓"保护性破坏"很早就由罗哲文老先生提出过,当时主要还是说对文物古迹修缮不当和修缮一新等好心办了坏事的情况,现在有的地方已经是以保护的名义进行破坏，有点像过去说的"打着红旗反红旗"吧。拆真造假、恢复重建、彻底动迁原住居民等等，甚至包括"无中生有"的人造景点吧，这些做法无一例外的共同之处皆是以"重塑／再现××时代风貌"的名义制造出的"无知者无畏"状态。面对文物古迹被"修缮"得面目全非这一新的"保护性破坏"问题，一些地方要么以"交学费"为借口来搪塞，要么以"总比拆了好"来宽容，甚至以"中国特色"的保护方式来主张。

李：我国有些专家拿日本的伊势神社做样板，认为日本采取原样修复、重建的方式，中国保护的理念误区在什么地方？

张教授：亚洲的传统建筑多以木结构为主，为了保护和维修，需要修理和更换部件。在中国、日本对传统木构建筑都有落架大修的方式，而日本的伊势神宫的所有宫殿建筑的"轮回重建"方式，更是具有特殊原因的极端案例。伊势神宫自古就是敬奉日本天皇祖先的圣地，自然就有特殊保存条件，按照"式年造替"的祭祀传统，每隔20年会重建宫殿。在伊势神宫有两块并列的基地，一般情况下，当一块基地内的宫殿建成数年后，按照传统惯例要在另一相邻基地内，开始按原样建设新宫殿，工期大约10多年，所以在伊势神宫20年以上历史的建筑是不可能存在的。它的宫殿建筑是既新且古的传统风格建筑，并且完好地保持了奈良时代的式样。这种做法既有传统宗教习俗的因素，也有防范木构建筑腐坏的客观考虑。在现代化的修缮技术和保护技术条件下，这些拆除下来的旧建筑材料被在修缮其他文物建筑时利用了。今天，日本人比较自豪的就是，这一"式年造替"传统，较好地保护和传承了木结构建筑的建造技术，尤其是皇室御用工匠技术的传承与发扬。当然，这只是非常特殊的情形，而且需要足够的经济条件来支撑。

同济大学教授邵甬访谈

邵甬教授很年轻，但成果丰硕，已成为我国文化遗产保护界著名的专家，现任中国历史文化名城保护学术委员会副秘书长，阮仪三城市遗产保护基金会副秘书长，国际古迹遗址理事会 ISCEAH（泥土造建筑遗产国际科学委员会）和玻璃制品国际艺术中心（Center International D'art Verrier）科学委员会专家委员。她主持或参与的多个项目都获得了重要奖项，如1998年，"周庄古镇区保护详细规划"获建设部优秀规划设计一等奖、全国第八届优秀工程设计铜奖；1998年，"潮州市城市规划"获建设部级优秀设计三等奖；2001年，"大理古城控制性详细规划"获上海市优秀规划设计三等奖；2003年，"江南水乡传统城镇保护"获联合国教科文组织亚太地区文化遗产保护杰出成就奖；2007年，"世界文化遗产丽江古城传统民居修缮计划"获联合国教科文组织亚太地区文化遗产保护优秀奖；2009年，"北川国家地震遗址博物馆策划、整体设计与保护规划"（排名十四）获全国优秀城乡规划设计奖一等奖，等等。在学术研究方面，邵甬教授曾参加"十一五"国家科技支撑计划项目，主持国家自然科学基金项目，出版了具有重要影响力的专著和论文。

2008年10月18日，邵甬教授在同济大学文远楼参加研讨会，期间我向邵甬教授请教了一些关于文化遗产保护理念方面的问题。（采访内容在整理之后，已经邵甬教授审阅）

李：法国的遗产保护做得很好，在什么问题上我们国家和法国的差距最大？

邵教授：首先是观念，其次是制度。中国目前的城市保护比较有效的还是以个别的地方行为为主，主要依靠个别地方领导是否有保护的观念，靠这个地方领导试图去建立一些保护政策，还没有形成一种完善的国家制度。

这种个别地方的保护行为，比如庄春地（周庄原镇长，访谈前庄春地在首届亚太遗产保护论坛做了发言）在实施阮先生编制的保护规划时，用保护能够带来旅游和经济发展来说服老百姓进行保护，而确实只要在当地旅游发展了，老百姓才理解保护的重要性。

法国形成了完善的包括法律、政策、规划、管理和技术等方面的国家制度，而中国目前在法律和规划方面建设较多，在政策、管理和技术方面都很欠缺。

李：法国和意大利对"可识别性"的实践方法有很大差别，您认为哪一种更符合中国文化背景下的"原真性"要求呢？在中国，"可识别性"应该怎样理解呢？

邵教授：法国和意大利在大的遗产保护理念上是一致的，但是在具体做法上会有所不同。意大利更加注重考古式的信息准确，因为他们的遗产保护是随着对古代遗迹考古的发展而发展。法国因为19世纪勒·杜克针对中世纪建筑的修复理论与实践而发展，具有实用主义色彩。在中国，应该根据我们国家本身的建筑体系和特点形成"原真性"标准。

李：法国有很好的遗产保护经验，他们用什么方式提高大家的认识？

邵教授：主要是不停地去实践和教育，用经验来告诉大家，用丰富的活动让大家很容易就进入到遗产保护的话题中。

李：法国的遗产保护也曾经历过很困难的时期，也有个过程，他们是怎么解决这个问题的，怎么克服当时的种种困难？有商业运作吗？

邵教授：法国在遗产保护中也有商业运作，但是法律是制衡各种利益关系的主要工具。出现矛盾时，矛盾的焦点往往就是利益问题，怎样保证公共利益,怎样平衡私人利益,通过法律的完善不断来解决,同时辅助以必要的公共政策。

李：在历史街区保护中怎样认识生活的原真性的呢?现在很多地方变成旅游点,因为改善居民住房没有利益,开发商不愿投资,政府也无力去管,怎样才能保持人们居住生活的场所?

邵教授：中国很多街区,一想到保护就要搬老百姓,从政府政策制定上就有动迁的指向,这在欧洲是绝对不会出现的,因为动迁意味着大规模的产权变更,这是不可想象的。其次,保护也可以通过市场,但是可能引起租金高涨,虽然没有强迫居民搬走,但是租金涨了,租不起,也有可能走了。在法国等很多国家,他们给原住民多种形式的补贴,有针对性的,有跟国家低收入家庭补贴联系在一起的,如住房补贴、小企业补贴等,这样原住民就有能力继续居住下去,小店也还是可以开下去了,生活真实性保留下来了,街区也就比较活跃了。

李：中国的"不改变文物原状"与国际上强调的"原真性"可以等同吗?

邵教授：我认为原真性有两个方面需要考虑：历史的原真性和艺术的原真性。历史的原真性是指具有真实的历史信息；艺术的原真性追求艺术最想表达的东西,比方说,一个庙格局很清晰,入口、戏台、大殿都很完整,体现的是完整的艺术特征。现在如果只有大殿还在,其他改成高楼了,整个空间已经完全不同了,不能作为一个完整的庙存在了,艺术特征也不一样了。

中国的"不改变文物原状"是一个非常难以把握的标准。尤其是针对大量被列入文物保护单位,但还具有使用价值的历史建筑、民居院落等更加难以实施。建议文物保护部门能够对这个标准予以细化。

十一、建筑遗产保护专家

中国科学院院士、东南大学教授齐康访谈

齐康教授有众多令人膜拜的设计作品,包括侵华日军南京大屠杀遇难同胞纪念馆、福建武夷山庄、南京雨花台烈士陵园、南京梅园周恩来纪念馆、河南博物院、淮安周恩来纪念馆等。他的设计善于运用中西方建筑传统手法,探索中国现代建筑风格,注重对历史文化的传承,同时强调转化与创新。20世纪80年代"全国十大优秀建筑艺术作品"中有两件出自齐康教授之手,并分获第2和第3名。1990年,齐康教授获"国家设计(建筑)大师"称号;1997年被选为法国建筑科学院外籍院士;2001年获选首届中国建筑界的最高奖——"梁思成建筑奖"。

2008年11月2日,齐康教授来西安参加"建筑与文化2008国际学术研讨会",期间我有幸向齐康教授请教,获益匪浅,以下摘录其中主要内容。(采访内容在整理之后,已经齐康先生审阅)

李：中国历史建筑保护中常常整饬一新，修成某一历史时期的式样，您对这种做法怎么看？

齐先生：中国修复和国外不一样，国外保存在那儿不动了，保留14世纪的，也把13世纪的留下，是尊重历史的做法，保留了原汁原味。中国真正的木结构古建筑很少，都是经过后来重修的。中国的历史文物保护要加以说明，说明原来的历史情况，可以用文字，最好有图片说明，把那些故事写出来。

李：中国有很多复古式建筑，这是建筑创作的正确发展方向吗？

齐先生：复古是不正常的现象，复兴应该讲一个时代，不应该讲建筑。中国1000年以后也会有大屋顶，这是中国的传统、人们的爱好，做几个就做几个，反映一种哲学观念和意识的传播，是中国的一种风格，但是要有创新精神。历史就让它存在，成为历史，我们纪念它，怀念它，表现它的伟大功绩。复古是一种思潮。现代城市就是一个新城市，中间有历史的变化。建筑史的人应该研究建筑现象，从现象中研究时代特点。观念很重要，所以我说"城市的观念，观念的城市"。

中国工程院院士、西北建筑设计院总建筑师张锦秋访谈

　　张锦秋院士是我国首批命名的15位"建筑设计大师"中唯一的女性，1994年，当选为首届中国工程院院士；2001年，获得首届"梁思成建筑奖"；2004年，获西安市科学技术杰出贡献奖；2010年，获陕西省科学技术奖最高成就奖。长期以来她担任中国建筑西北设计研究院总建筑师，主持设计出许多经典建筑作品，如陕西历史博物馆、唐华宾馆、钟鼓楼广场、华清宫唐代御汤遗址博物馆、慈恩寺玄奘纪念院、群贤庄小区、陕西省图书馆、美术馆、黄帝陵祭祀大殿（院）工程、大唐芙蓉园等。近半个世纪以来，她孜孜以求现代建筑创作的多元化，其作品具有鲜明的地域特色，并注重将规划、建筑、园林融为一体。

　　2008年12月4日，我来到中国建筑西北设计研究院总建筑师办公室，有幸向张锦秋院士请教，她虽为建筑大师，但却平易近人，谦虚严谨，其儒雅的风范给我留下了极为深刻的印象。（采访内容在整理之后，已经张锦秋院士审阅）

李：以前读过您介绍钟鼓楼广场项目的文章，在建设之前，钟鼓楼周围的环境怎样？是否有值得保留的建筑？

张院士：当时周围一片乱七八糟的，几乎都是危房。实际上从20世纪50年代起，政府开始控制这个地区，不让盖新建筑，当时的房子很破旧，很多人家想把他的土坯墙拆掉盖好房，政府都不允许，因为这里太重要了，不能设置障碍。当时没有四合院，没有名人故

居，最高级的就是同盛祥饺子馆，虽然也是老店，但房子也不好，政府也不允许扩建，那个时候政府就准备在此好好规划。

李： 西安大雁塔北广场，广场很大，是否会喧宾夺主，突出了广场，而弱化了大雁塔？

张院士： 对大雁塔北广场一直有不同的看法。那里原来是个村子，原来慈恩寺以北是个村子，20世纪80年代迁的，迁走很好，后来后悔了，因为迁得太近，迁到现在的三唐工程南边了。对大雁塔北广场的建设在学术上的评价有不同意见，原来雁塔路对着大雁塔，两边行道树对着它。现在的尺度是否合适，一直是有争议的。老百姓很喜欢，它是老百姓不需要花钱的休闲场所，一年四季，除了冬天，人都很多。2008年秋天，曲江池建成后，请了一批专家，有周部长、王景慧、同济大学的吴光祖、园林方面的孟兆祯院士等等，先是介绍曲江遗址公园，后来领着专家把北广场、不夜城转了一下。座谈时，专家对北广场开了个口，大家看到平常的时候，好多老百姓在那里转悠，专家很感动，认为它也是西安市一个很重要的公共空间，没有批评北广场，因为这次专家进去了，看到老百姓的使用情况。我都一直没有从技术上表扬过，通过这个座谈会得到了专家的认可。

李： 西安有些建筑利用历史特征、符号传承历史文脉，您在《历史文化名城中的建筑创作》一文中提出："在历史文化名城这种特定的环境中，建筑创作应该是多元的，形式是多样的，而要求现代建筑的风格、体量、造型、色彩与历史文化环境相谐调这一基本原则确是不可动摇的。"同时，概括了您在西安建筑创作实践所涉及的三种类型：现代建筑创作的多元探索；在有特定历史环境保护要求的地段和有特殊文化要求的新建筑创作；古迹的复建与历史名胜的重建。我通过三种类型理解您的创作经验可以吗？

张院士：建筑创作很复杂，需要看什么样的城市，什么样的性质，不能一概而论，后来我总结了这三个不同的性质。建筑师要根据不同情况来对待，比如你是演员，今天导演请你来演什么戏，这次是演什么戏，演什么角色，什么目的，必须清楚。建筑创作不是我喜欢什么就做什么，要看社会需求什么，我总结的经验是从我的创作途径中体会到应该这样对待问题。历史名城还有需要控制的环境，控制地带。复建一般不提倡，都得经过特殊批准。不能简单地说主张建成哪个风格，要区别对待，我就把它分成三类，有的城市可能只有一类，情况不同。

李：您提出过"风格纯正、法式严谨"的要求，但是我看西安西大街的仿古建筑并没有达到这个要求，您觉得呢？

张院士：我记得是在介绍空海纪念碑院展厅的文章中提出的"风格纯正、法式严谨"，因为它是西安市第一座正规的"仿唐建筑"，建筑形式上着意仿唐，所以力求法式严谨、风格纯正。建筑不要洋不洋，土不土，不要大杂烩式的。西大街没有必要法式严谨，并不是所有的都要法式严谨，如果刚才说到的三种类型都要法式严谨那就完了。

李：西安南大街、北大街、西大街相继拓宽了，老城内许多道路拓宽了，您觉得这样对吗？

张院士：拓宽这些道路，主要是城市交通的要求，它们是咽喉，不是从古城保护去考虑的。如果要搞商业街，也不一定都是步行街，东大街就是个例子，东大街曾经禁止开车，改成步行商业街，结果商家营业额急剧下降，商家去找政府，后来取消了步行街的规定。在古城中既要保持东西南北十字街格局，又要发展交通。全面保护名城原来的路网格局与尺度，这在丽江等新旧分治的古城中可以做到。大城市北京、西安过去都是新旧混杂，没有实行新旧分治，有东大街的例子在先，西大街要拓宽，拓不拓宽首先不是风貌上的问题。

李：我十年前在西安北院门历史街区工作过一段时间，至今这个地区居民生活环境依然很差，传统院落也消失很快，居民采取房屋自建的方式，很混乱，您认为这样的老街区有什么出路吗？

张院士：对于北院门，虽然情况复杂，特别涉及民族问题，我认为政府也没有认真做这件事，你想想这些年做了吗？扬州就做得非常好。你现在到瘦西湖去看看，坐在船上，那么大范围，看不到一幢现代建筑。他们说，要盖哪个房子，要先放气球，在景区内看到了就不能盖。名城保护主要应该是政府，政府要起主导作用，老百姓配合。扬州过去比较有钱，民宅一进一进的，有的三路并进，过去也乱，他们现在正在维修，有的整理出盐商什么府，有的变成高级饭店，具体故事都有标识，还有避弄，很有特色，扬州居民保护得很好。西安最不利的是历史文化有断层，好多事情说不清楚，人家是延续的；西安都拿不出一张名人故居布点图，历史研究不够，人家有一批社会贤达，对自己的乡土非常热爱。我觉得西安政府应该多组织几次调研会，多凝聚一些热心市民和专家的力量，很遗憾我们做得太少了。

东南大学教授朱光亚访谈

朱光亚教授是建筑遗产保护领域的著名专家,对中国古建筑的历史、营造结构、古建鉴定都有很高的造诣,主要从事建筑遗产保护及相关理论、技术体系的研究,包括中国建筑遗产资源评估,传统建筑工艺抢救,传统建筑结构与构造机制,历史地带、名胜风景及遗址保护中的规划、设计及再利用研究。著有《古建筑——中华国宝》《南京文物精华——建筑篇》等书作,参编过《中国建筑史》,承担过南京南唐二陵、南京宏觉寺塔、绍兴越王陵、绍兴沈园、临安钱王陵、杭州凤凰山宋宫城等修复工程及研究工作。

2008年10月18日,朱光亚教授在同济大学文远楼三楼参加研讨会,趁此机会,我向朱光亚教授请教。虽然此前对朱教授仅是久闻其名,并不相识,但是朱教授十分耐心地为我答疑解惑,使我有幸得见他敏锐的判断力和深厚的文化功底。(采访内容在整理之后,已经朱光亚教授审阅)

李: 您认为中国文物古迹保护的"不改变原状"原则和国际上强调的"原真性"原则是一个概念吗?

朱教授: 文化遗产保护的核心就是原真性,它主要指历史信息的传递。我国的"原状"常常根据操作需要来确定,在《中国文物古迹保护准则》中详细解释了"原状"的含义,使其进入操作层面,但是在操作过程中每个个案都不同,因此"原状"代替不了"原真性"。原真性涉及价值判断,以及价值体系中最根本的东西,是西方的东西，但是对中国非常有意义。我国对"authenticity"的理解有个过程，20 世纪 90 年代以前的理解是远远不够的。在 2006 年第 6 批国宝单位的评审中，梅州妈祖庙被建议评为国宝，因为它是第一个妈祖庙，对台湾同胞来说，非常重要，是一种联系纽带。可是妈祖庙是 20 世纪 80 年代后重建的，根据"文物不可再生"的标准，是不符合的，可是我心里又觉得罗哲文老先生的话是有道理的。20 世纪 80 年代盖的能否评为文保单位？一般不会这样评，这涉及对原真性的认识。ICOMOS（国际古迹遗址理事会）第 16 届大会强调"Spirit of place"（场所精神）。从新的角度认识原真性，不仅关注物质载体，同时关注精神、灵魂、无形文化遗产，加上"Spirit of place"，原真性更完整。它既是 intangible（无形的），又是 tangible（有形的），过去仅谈 tangible，忽略了 intangible。原真性是西方提出的，强调原来的、历史的，但是不等于一点弹性都没有，如苏州博物馆，要摆一个宋代草亭，大家画的宋代草亭图，贝聿铭先生都不满意，那不是他心目中的东西。在不同文化背景下，原真性是有弹性的，价值判断中必然包含主观的东西，是有局限性的，无法求解的。让历史一定要怎么样，是不可能的，大家都要发展，但是它的基因是要传承的。结合中国，西方和东方在互动，互相靠拢。变是常态，不变是非常态，重要的是怎样把我们的民族文化传承下去。

李：杭州胡雪岩故居将其恢复到初建时的状态，您觉得这样合适吗？

朱教授：这关系到价值评估，把历史上一切东西都保留下来不可能，包含信息的选择，必然选择最有意义的，不太有意义的去掉。胡雪岩故居总体上还可以，人们认为这是它最辉煌时期的状态，但是后人是不可能搞全信息的，后人对古人会有想当然的认识和假设性的、主观性的判断。绍兴沈园，挖出一部分，进行推测，我自己觉得有道理，但是普通人觉得不对，推测可能有 90% 的依据，别人的可能 10% 的依据都不到，但是普通人的看法很重要！

李：有人认为"可识别性"是西方的产物，在东方并不适用，您认为呢？

朱教授：可识别性作为一个原则是对的，表示有序的状态，不希望是混沌状态，问题是反差有多大。在中间反差缩小一点，和而不同，就像罗哲文先生说的：远看和谐，近看有差别。

李：您怎么看雷峰塔的重建？

朱教授：雷峰塔的重建应该与原真性没有关系，但是有一种强大的力量要求重建，不可抵抗的一种力量——这不是一个人的想法，杭州人大、政协多方面的呼吁，反映出中国文化的特点。鲁迅早就说必然有一天会恢复雷峰塔，问题并不在于那个雷峰塔。今天怎么判断，它是新的、假的，但是原位置，精神还在，它的 Spirit 是真的，气还在。

中国科学院院士、同济大学教授常青访谈

常青教授自 2003 年至 2014 年担任同济大学建筑系系主任，无论在教学还是在科研方面都取得了令人瞩目的成就。常青教授的授课深受学生欢迎，他领衔创办中国建筑院系中第一个历史建筑保护工程专业。90 年代中期以来，在旧区改造、历史环境保护和城乡发展关系的探索中，先后主持完成三项国家自然科学基金资助项目和一项国家"十一五"科技支撑计划重大课题。在历史风土环境保护与再生项目中，取得了一系列受到学界和业界瞩目的研究和设计成果，先后主持完成上海外滩源、南京路外滩段、外滩九号、豫园方浜中路、东外滩等项目以及广东、浙江、江西、西藏、新疆等地的历史环境再生项目，获国际、国内多个研究和设计奖项。

常青教授主持设计的杭州滨江区长河镇氏族聚落重建方案在由瑞士 Holcim 可持续建筑基金会和美国麻省理工学院等 5 所世界知名院校联合举办的首届国际可持续建筑大赛上，荣获亚太区金奖。他从奖金中捐赠 5 万美元设立"风土保护奖学金"，奖励在历史建筑及保护专业学习的成绩特别优秀的学生。

2008 年 10 月 18 日，我来到同济大学常青工作室，常青教授正和学生讨论问题。工作室的墙上、桌子上放着各类保护项目的图纸，这虽然是一个规模不大的工作室，却做出了非常精彩的保护项目。由于以前听过常青教授的"中国建筑史"课（他的课从来都是座无虚席），所以对他的研究领域有所了解，但是对于文化遗产保护理念方面的问题，还是第一次向常青教授请教，感谢常青教授耐心地解答我的问题。（采访内容在整理之后，已经常青教授审阅）

李：您主持的外滩九号修复工程应该说是很成功的实例,您觉得在古建修复中如何理解"原状"和"可识别性"呢?

常教授：历史建筑和古董类文物不一样,后者多半可以保持原真,历史建筑是使用空间,历史上修葺变动是常有的事,不可能全都维持原状。问题是今天的修复怎样把握时空尺度,是恢复到初建,还是历史上某个时期?这很复杂。"原真性"说起来轻松,但authenticity 原意就是"真实",并非指"原初"(original),我们把这个意义延伸了,结果给自己增加了难解的问题,因为就大多数历史建筑而言,严格意义上的"原真性"其实是不存在的。比如故宫三大殿,明永乐和清康乾是有很大不同的,假如修缮,要修到什么时空状态呢?其实只能以充分的断代修理由和历史资料支撑方能做出恰当的判断和选择。外滩9号是1901年建的,后来屋顶被拆掉,外廊被封死,完全看不出历史原状了,但有历史图像和实测资料为依据,做比较逼近历史真实的复原设计是必要的,也是可能的。有人较真说,现状也是一种真实,没必要完整复原,但毕竟是在外滩,维持现状的意义远不及恢复原貌来的大,现状的"真实"和历史的"真实"孰轻孰重是不言而喻的。

李：一些专家认为胡雪岩故居是文物建筑修复的典范,可是有些专家觉得它有失原真性,不符合国际理念,您觉得呢?

常教授：对于复原,应区别对待。古代的废墟,很难去真实复原,如西安的唐朝西市,不能称"复原西市",从历史真实性来说,根本没有可能,因为西市留到今天影儿也没有,但在原来的地望上做唐风名义下的文化商业开发,并实事求是地说明项目的性质,就无可厚非。圆明园我也不赞成复原,它是个有特殊意义的历史废墟,是国耻纪念地。浙江横店要重建"圆明园"和北京圆明园有什么关系？他们是为了给影视城博名，这可以理解嘛。我让《经济日报》记者转告横店"重建圆明园"项目负责人，第一不能叫"重建"，因为横店没有被授权"异地重建"有法律身份的历史景观；第二，横店如果真的要100%"复原"圆明园景观，要小心赔钱，因为圆明园景观只有一部分具商业观光价值，何况珠海已经有一个了，人家叫"圆明新园"，是旅游观光项目，也没侵犯冠名权。至于媒体，根本没必要把影视城里搭个历史实景这档事儿拉到保护语境中做由头，因为偷换了概念，而且会引起社会有关方面的激烈反应（或许正中始作俑者下怀）。绍兴仿造了已逝的水乡景观区，拿了联合国奖，如果昔日的水乡生活形态是延续下来的，那么复旧重建就无可非议，如果是借地妄造复古景区，就是另一回事。绍兴的例子属于哪一类要研究，但起码从保护与再生的语境出发，对于历史风土街区，关键不在于房子是不是原物，而在于空间肌理和生活形态还在不在。胡雪岩故居是修缮加部分复原，如果是名人故居就应尽量真实反映历史，主要看故居主体格局修缮后是否保持，如果复原推断占的比例太大，批评它是对的，如果推断的比例很小，就不能否认它。<mark>只要动手修，就是干预了，就会有所改变，我们强调最小干预原则，但也坦承历史是不可能百分之百真实复原的，关键是要能管控住修缮带来的变异。</mark>周庄是个保护开发的案例，有些景点是后修的，一些装修也是后改的，但基本格局在那里，生活形态还部分延续着，打造风土观光产品的目标实现得不错。所以，对真实性要辩证地看，重要的是把其复杂性解释出来。至于复原重建，也要具体问题具体分析，反对新建筑仿古就一概鄙视复原重建，把两者混为一谈是形而上学的。实际上有时候不复原重建行吗？第二次世界大战战后，伦敦、柏林都炸平了,不重建城市怎么活嘛。

李:您怎样看杭州雷峰塔的重建和常州天宁寺的重建?

常教授:历史废墟重建要有前提。在现代破坏掉的,如有图像、测绘资料,是可以考虑复原性重建的;古代毁的,没有充分依据,只能做些复原研究。至于能不能原址重建?这要看具体对象,一般有特殊意义的废墟就不应重建。但为了文化和商业上的需要,在某些废墟上重建也并非绝对禁地,合情、合理、合法是前提。"雷峰夕照"是历史景观意象,重建雷峰塔和复原没关系,但有景观价值;做地宫博物馆,有历史价值。现在做的这个仿古塔形,见仁见智,据说香火旺盛,老百姓很喜欢。常州天宁寺塔是开发项目,和保护无关,这一类"重建"项目应该放在保护语境之外去讨论。

怎样去保护

十二、我国城市遗产保护的一些问题

2010年，南京600年历史的明城墙部分地基面临被破坏的威胁，这片遗址目前仅存明代建筑的地下部分(图4-1)，为了新建两处"古风"建筑，西水关遗址的地面上将修建一座4层的"赏心亭"，而东面的内瓮城遗址上，将建一座3层的"孙楚酒楼"。此事引起社会的广泛关注。《南京城市史》的作者薛冰说："现在一提到弘扬地方文化和历史特色，想到的就是仿古和复建，有关部门热衷于打造历史景观，实际上，这是一种误解，违背了联合国《世界遗产公约》的核心精神——保护遗产的真实性和完整性。"[1]

中国目前在城市遗产的保护上存在"真古董"不如"假古董"的误解。一方面，我们在不停地拆除城市里仅剩的"真遗产"；另一方面，我们又不惜斥巨资修建"假古董"。这些都是经济利益所驱动，是一种文化短视现象。

近年来，我国城市遗产保护中出现了种种违背原真性原则的现象，如大量的历史古迹被"重建"、过度随意的"异地保护"、"仿古街"建设、以"文化"为名的项目工程建设以及推倒重建的旧城改造模式，各种实践误区的出现常常是政治和商业动机相结合的产物，在其背后存在着种种利益冲突，隐藏着深刻的社会问题。

---

[1] 顾烨，傅双琪. 假古董还是"真文物"：文化遗产保护有误区[EB/OL]. 新华网，2010-03-24. http://www.showchina.org/wenhua/whbb/201003/t582340.htm.

十二 我国城市遗产保护的一些问题

图 4-1 南京城墙

1. 经济根源——城市遗产保护中的"功利主义"

城市遗产因其稀缺性而具有一定的经济价值。尽管经济价值和原真性没有直接的关联性，但是，在全球都关注文化产业、经济因素主导一切的今天，如果忽视遗产的经济价值，必然会在实践中给保护带来巨大的困难；同时，在保护实践中，如果过于强调经济价值就有可能给遗产原真性带来威胁。

当前我国遗产保护价值观中就存在"经济主导"的思想意识。由于人们的关注点在于"经济"，而往往忽视遗产对于人类精神作用的根本性。一些地方政府意识到文化的重要性，开始主动保护城市遗产，但是，他们的注意力往往在于发展旅游，提高财政收入；作为开发商的投资者，更是把经济利益放在首位，在这种"逐利"思想的引导下，很难保证遗产保护的科学性。城市遗产保护的目的是人类文化的延续，它关系到人类的生存问题，而不仅仅是旅游和经济问题，因此，我们不能只看到眼前利益，更应关注人类的长远利益。

另外，一些地方领导出于政绩需求而进行遗产保护，常常根据自己的主观意愿随意变更规划，使保护规划成为领导手中的工具。实际上，许多地方领导并不懂得如何科学保护，在这种情况下，专家的建议、公众的意见有助于减少决策失误的产生，但是，现实情况是：项目的最终决策经常是领导者拍板，不听专家意见，给城市建设造成了很大危害。我国的行政审批制度是传统管理模式下政府履行职能的基本方式。审批的自由裁量权很大，相对于公众来说，决策者具有绝对的话语权，为长官意志的产生提供了温床。

我们必须认识到，这种"功利"的思想不是城市遗产保护学科自身所能解决的，它需要综合社会各方面力量。唤醒人们的保护意识，需要进行长期的、不间断的改善和制定长远的计划,其中提高全民的遗产保护意识最为重要,所以如何促进普通市民关注民族文化遗产是关键问题,这与国家的基本政策、社会的普遍价值观紧密相连。我国目前的地方政府绩效评判机制也是造成一些地方领导重视城市形象而忽视城市功能的根本原因。地方领导的职位晋升是由其上级领导机构而非其辖区内市民评估的,因此,地方领导非常注重能代表其政绩的标志性建设项目。可见,在我国推进行政体制改革、建立与社会主义市场经济相适应的行政审批制度非常重要。

2. 情感根源——传统观念和当前政策的科学性

人们对城市遗产采取怎样的保护方式与人们的价值取向息息相关。在不同的地域、不同的历史时期,人们的思想观念会随着社会经济条件的变化而变化。

历史上,中国的传统文化强调整体与直觉,传统意义上的价值观在艺术审美上追求完整、统一、和谐之外更注重"意"的流传,重视美给人带来的心灵的愉悦。人们对建筑遗产的保护"有等着看'金碧辉煌,焕然一新'的传统式期待"[1];至今,很多人在历史建筑修复中依然愿意选择完整式的复原,而不愿将历史的斑驳留存在建筑中。与中国艺术审美观相似,法国原先也不主张将新的和旧的清晰地分开,强调建筑的统一性。经过近两个世纪的思考和实践,今天法国的建筑遗产保护更加尊重历史信息的真实性,国际上更是将原真性视为检验世界文化遗产的标准之一。从城市遗产的价值论和历史性出发,包含历史信息的历史原物印刻着时间的痕迹,是最值得保留的部分。

近年来,中国城市以前所未有的速度发展,生活环境迅速变化,人们

---

[1] 梁思成. 北平文物必须整理与保存[M] // 梁思成. 梁思成文集(二). 北京:中国建筑工业出版社,1984:367.

希望找到自己所熟悉的历史环境，寻找精神的家园，于是在现代社会产生了一种怀旧心理，产生了一种满足人们怀旧情结的新的消费需求。在市场经济条件下，一些商家针对人们的这种心理需求，纷纷建设仿古街，再造历史古迹，结果常常是昙花一现，难以保持长久的生命力。在我国当前的城市遗产保护政策中也缺少对种种错误现象的制约机制，往往只要开发商有钱，地方政府愿意，就可以对历史古迹进行任意的模仿。在我国建设量巨大的时候，应该诞生世界经典建筑，可是一些人却常常将精力用于对历史的简单模仿，这是一种历史的倒退。我们应该学习巴黎，当年采用顶尖技术建造的埃菲尔铁塔今天已成为巴黎的经典建筑。怀旧是人的一种正常心理，但是应建立相应的保护机制，不能任由商家为满足怀旧心理而产生的商业行为随意发展。同时，应该加强教育，提高普通群众的保护意识，让人们明辨真伪，欣赏真正的历史遗产，不要让大量的建筑赝品蒙蔽了人们的眼睛。

3. 理论根源——对城市遗产保护基本理念的认识分歧

1990年以来，中国城市遗产保护进入高潮时期，但是原真性问题在中国却没有引起足够的重视。近年来，我国关于原真性的讨论逐渐增多，但是，目前我国文物界、建筑界以及规划界对原真性的理解仍然存在严重分歧，主要表现在：①一些专家认为坚持原真性，就应充分尊重各个时代留下的历史印迹，要"整旧如故，以存其真"——正是那种历经沧桑、受到侵蚀的状态才体现了历史古迹的原真性。在保护实践中，应尽可能保留原物，能够接受建筑残损和不完整的状态，强调历史信息的真实性。②另一些专家认为中国木结构建筑的保护与修复与西方不同，《威尼斯宪章》中所提出的可识别性原则不适合于东亚建筑体系。在实践中，常常选择完整复原或恢复到历史上某一辉煌时期的状态，强调艺术的完整性。至今，两种意见的分歧仍显得十分突出，大量的城市遗产由于保护理念的偏差导致历史信息的丢失，严重影响着我国的保护实践。不管怎样，我们应该积极地看待保护实践中的争议，人们对遗产保护的模糊认识只有在不断的思考、不断的争辩中才有可能逐步澄清，对原真性理念的正确理解是使城市遗产保护走向良性发展的关键因素。

对于历史街区和历史城市的原真性，人们也没有清晰的认识：常常把对历史建筑的保护要求缺少正确保护理念，无法满足历史街区保护的原真性要求。如上海步高里的老里弄保护，虽然家家卫生设施更新了，政府给每家每户安装了厕所，但是原来是一家一户的住宅现在由五六户共居，这样的结果看似改善了生活条件，实际上是认可了它的落后。历史建筑原来的结构、布局都被改变了，原来的亭子间消失了，虽然当前照顾了部分居民的利益，但是从长远来看，破坏了优秀建筑历史的真实性，造成了不可挽回的损失。

2000年春，杭州的河坊街旧民居地段据政府已有的整修规划要被全部拆除，杭州市民纷纷反对，呼吁保留这片杭州尚存比较完整的历史地段，后得到多家媒体的声援，市政府决定不再拆了，作为历史街区来保护，并设想将其做成一条有传统特色的商业街。杭州市政府有关部门请我担当保护规划设计，他们提出的设计要求：一是要快，二是要仿古，三是要推倒旧房建新式古楼。对此我无法接受，并明确地指出这是违反保护遗产的错误做法。杭州市的领导另找了其他的设计单位，把老房全部拆毁之后，仿造老房子式样重建起来了。现在杭州河坊街作为杭州重要的旅游景点，还冠以清"河坊街"的名称（图4-2）。说是清代的老房子，全是用现代工艺、现代材料、按现代旅游要求仿照清代的样式重建的，而且做得很不道地：宽阔的街道，规格统一整齐的铺面，家家相同的窗格花纹，家家一崭齐的屋檐，簇新的砖瓦，簇新的油漆，仿古又没有仿像，没有历史的沉淀，没

图 4-2 杭州河坊街

有老街老巷的韵味，但新闻媒体上却宣传说成"古色古香""找回了老杭州的风貌"。明眼人一看就明白是假古董的伪作，可惜的是当年众多老百姓协力保下的老房旧屋全在更新中变了味。我曾当面和杭州市领导对过话，他们认为做得很好，是保护的成果。同样的情况在徐州的沛县，十分夸张地修了一条"汉街"，殊不知历史上商业街这种城市形态到宋代才出现。唐代以前的城市中只设"市"，不允许沿街开店做买卖，所以说"汉街"是不懂历史、不懂文化的行为。大同的市长在2010年拆除了大同明代的城墙，建造了"辽代"的城墙和城门楼；拆除了明清的历史街区，建造了"辽代"的街坊，真不知这些市长们哪里学来的本事！无论是辽代城市还是汉代城市，在我国没有遗存任何相关古迹和文献资料，市长们完全是为了政绩去伪造历史，浪费了人民的财富，留下了历史的笑柄。更可悲的是有不少的设计人员去帮他们做规划设计，上级领导部门还有好评，这些造假的市长们都升了官。[1]

---

[1] 请参阅阮仪三. 护城纪实 [M]. 北京：中国建工出版社，2003.
"大同造辽代城市之事"请参阅阮仪三著文《由市民跪留市长事件引发的城市遗产保护之忧》，刊载于上海文史馆主编《世纪》，后《国是咨询》（中央文史馆参事室主编）全文转载，发表于2013年4期.

十三、中国语境下的原真性

我国的《文物保护法》规定"不改变文物原状"为保护的基本原则,但是,在实践中,何为"原状"却是人们争议的焦点。近年来,虽然"原真性的核心在于城市遗产真实的历史信息"的观点越来越受到认可和重视,但我国大量的保护实践显示出人们对"原状"的理解更趋向于追求历史建筑"初建时的状态"或者"最辉煌时期的状态",实际上这是在寻回一段已经断裂的历史,而非真实历史信息的传递。"原状"是一个历史的过程,而非一个特定的历史状态。

1. 我国城市遗产保护原真性的特点

中国城市遗产保护与西方的差异性虽然与城市遗产自身的特点、技术水平、人们的保护意识以及社会经济发展水平有直接的关联性,但是主要还是缘于人们价值观念的差异:西方追求历史的真实性,而我国的许多实践者更愿意追求艺术的完整性。具体来说,我国城市遗产保护的原真性理念及对策有如下特点:

(1) 中国城市遗产的价值不仅在于其物质实体本身,还包括传承至今的建造技艺以及蕴涵于建筑中的道德伦理思想。中国古代建筑布局严谨、尊卑有序、讲究礼仪,建筑的色彩、规模都和社会等级制度相关联。古代城市讲究风水,反映出人们追求人与自然和谐相处的朴素思想。我们保护城市遗产实际上也在保护一种历史创作精神,岁月的痕迹常常是历史生活背景的写照，坚持原真性就是要保持这种内在精神与外在实体的统一。

（2）人们对原真性的理解与其所处的时代背景和地域环境有着直接的联系。中国古代儒家思想中的"仁"和"礼"以及道家思想中的"天人合一"对后人的价值观念产生了深远的影响，至今，人们更倾向于完整、统一、和谐的艺术审美观，实际上，这与原真性的基本精神并不矛盾。《威尼斯宪章》所提出的可识别性重点并不在于是否具有鲜明的对比，而在于让人能够读出历史发展的脉络。在实践中，我们可以在和谐的基础上让新添加的部分区别于原作，通过清楚的标识，让人能够明白哪些是新加的部分，哪些是历史原物；如果是加固措施，可以将新加部分置于材料内部隐藏起来；如果是门、窗、墙等外部材料，可以采取在木构件背面标记或在新加材料周围设置文字说明等办法，而不能鱼目混珠，用某种虚假的方式掩盖其差异性。

（3）与西方砖石建筑相比，中国的木结构古建筑需要更加频繁的维修或更换建筑构件，以确保其安全性；但是，对历史建筑干预越多，就意味着对原真性的损失越多。在这种情况下，就要遵循国际上倡导的"最小干预原则"，对于一个建筑构件，如果它已经腐朽，就要更换新的；如果有一部分还能用，另一部分已腐朽，就可以只更换腐朽的那部分，再将两部分连接；如果木构件内部已遭白蚁破坏，已经不坚固了，就可以将中部挖空，内部填充加固材料，这样不仅可以保持外观的原样，而且保证修复后建筑构件的坚固性。比较以上三种方法，更换构件最省时、省力、省钱，但最不符合原真性要求，而采取加固填充的方法造价最高，但它是最接近原真性的方法，因为它的外部保持原材料，外观和修复前保持一致。欧洲许多历史城市也留有许多木结构的古建筑，如英国的约克城，城内小街两旁全是木梁、木柱的两、三层瓦顶木屋，美丽的木框架，都是原本的样子；同样切斯特、切切斯特也都是木屋形成的老街，一看就知道都是老房子，老木头,但经过历年的整修,修补的痕迹全留着,向人们诉说着岁月的经历。

(4)与西方相比,我国的历史街区存在着人口密度大、产权不清和经济发展滞后等现实问题。在实践中,产权问题的解决需要政府的宏观调控,而不能仅仅靠市场机制,可以将历史街区保护和政府的住房保障制度相结合,通过保障性住宅解决搬迁户的居住问题。历史街区包含复杂而又有序的生活内容,物质遗存的真实性和生活的真实性具有同等重要的意义,要在二者之间寻求平衡。如果仅仅保留物质空间,而全部开发成商业或旅馆,或者仅仅保留人,重建新区,安置住户,都不符合原真性的要求。我国的历史街区保护需要政府的支持,政府应该适当增加老街区的维护成本。如果是政府进行维修,也只能适当提高租金,限定于普通居民经济承受能力之内。政府应该从政策上加以引导,通过改善基础设施,满足人们的现代生活需要,保证老街区有一定规模的原住民。

(5)与西方发达国家缓慢的城市发展速度相比,我国正面临着快速的城市化进程,在城市的加速运转中,人们常常会忽视历史环境对于城市的意义,以致对城市结构采取突变式的更新,违背了历史城市保护的原真性。历史城市的产生、发展是一个不断演进的过程,城市整体布局需要继承历史上形成的自然山水格局,保持传统的空间结构,延续城市文化脉络;同时,历史城市的发展应与现代生活相一致,历史城市的保护不能以牺牲现代城市的舒适性为代价。为满足现代需求,应把具有历史格局的古城视为稀有资源,找到与之相适应的城市功能,不能为了暂时的经济价值而损失其历史价值。

2. 我国的"原状"不能等同于国际上的"原真性"

对比我国的"原状"与国际上的"原真性",原真性的核心在于城市遗产真实的历史信息,而我国的"原状"缺少"真实"的含义。我国大量的保护实践显示出人们对"原状"的理解更趋向于追求历史建筑"最初的状态"或者"最辉煌时期的状态",实际上这是在寻回一段已经断裂的历史状态,而非真实历史信息的传递。对"原状"的理解应该是一个历史的过程,而非一个特定的历史状态,在一幢历史建筑上,可以反映唐代的原初状态,也可以有宋代的更改,甚至明代、清代的修补,它不是一个固定的时间点,而是多个时间点构成的一个连续的时间状态,只要这些时间的痕迹具有历史、科学和艺术价值,就需要保留。如果仅仅强调恢复到"最辉煌的时期"或"最初的状态",那么附着于遗产上的时间痕迹将被原初状态所取代,实际上它封闭了后代人继续解读历史信息的途径,更有可能破坏它现存的当代价值。我国的"原状"更多地从物质实体方面去考虑问题,对于充满生活气息的历史街区和城市并不适合。对于动态遗产来说,"原状"具有很多局限性,很难指导具体的保护实践,我国在具体的保护规划中,人们常常以更具普遍意义的"原真性"作为保护的基本原则。

3. 原真性与地方特性紧密相关

城市遗产的原真性与地方特性不可分离。一个地方只有具备了原真性的品质,才有可能表现出它独有的地方特性,反之,一个具有突出文化特性的地方,必然具有原真性的成分。当前,我国的历史城市存在大量再造"文化景观"的现象,实际上,历史原物与再造的景观有着本质的区别:前者展示历史上的真实信息,具有特殊性,渗透着一个地方的文化精神;后者则是现代仿制品,在哪里都可以建造,不能完全真实地反映历史精神。一个地方的特性只有通过真实的、深层的和自然的形式才能得以展示。从这个意义上说,原真性对于地方特性来说极其重要,任何虚假的模仿和矫揉造作都显得过于肤浅,不能让居民产生地方认同感。在我国,遗产地旅游常常与原真性的保护显示出互相冲突的一面,实际上,保护城市遗产和发展旅游并不矛盾，人们保护城市遗产，总希望它有实际的使用功能，但是遗产地应该向游客提供真实的历史信息，以确保游客清楚地了解遗产地的特征。我们需要在保护的前提下发展旅游，它意味着对遗产地的游客量要有一定的限制，为防止古迹过早地衰亡，我们必须在古迹承载力范围之内使用它。

杭州的胡庆余堂是国家文保单位，近年来进行了全面整修，说是完全严格按文物法修缮，我去仔细看过，主要的门窗全部重新制作，雕刻、油漆，还装上许多彩色玻璃（原来只是少量的），地上方砖全部是重新专门烧制的，原有破碎的全部更换，俨然是一座清代末年式样的新宅。修缮者认为是反映了原本的富丽堂皇，我和有些专家的评价是"修得比过去还要好"，言下之意就不是原来的东西了。但是有的人认为老百姓喜欢、领导们赞赏就是成功，我认为这是对原真性认识的偏差。

苏州甪直古镇有唐代诗人陆龟蒙的坟墓和斗鸭池、清风亭等遗址，20世纪80年代中期还保持着原状：斗鸭池仍在古老的石驳岸，清风亭残存的石柱础，三株千年古银杏，旁边就是著名的保圣寺，寺里留存着唐代的九座罗汉泥塑，是国保单位。我作的古镇保护规划，在设计中规定原样留存废墟遗址。1990年，在我不知道的情况下，苏州市文物局拨款重修了清风亭，用的是钢筋混凝土，清代的式样，重砌了石栏杆，重修了坟墓……景色是焕然一新了；但是，假如不去花这些功夫，斗鸭池上还是保留原来的残基，几个原本的石柱础，基地上还是荒草孤坟，几株古树，一方水池……那位田园诗人千年前的孤傲、纯朴以及思古的情怀便油然而生。现在的修缮我认为有狗尾续貂之嫌，而"原样留存废墟遗址"的主张得不到当地政府和苏州文物局领导的共鸣，更是可悲。

十四、保留城市呼吸的场所

城市是一个复杂的系统，我们在静态的城市规划中，往往难以应对复杂的系统变化。当前的城市建设中，人们往往从经济测算中得出获取最大利益的方法，于是，在我国的各大城市中上演的城市建设，除了道路等基础设施之外，几乎都是高层建筑。"高密度紧凑型城市，从其城市形态性质而言，市区里充斥着高大密集的建筑物且缺乏开放空间和绿地，因而容易导致高密度的迎风面，形成屏风效应阻塞空气的有效流通。"[1]

1. 城市需要呼吸

城市如同人一样，是一个有机体，它需要健康，需要流动，需要生机勃勃，但是，现代城市却似乎走上了一个误区：城市环境污染、住宅密度过高、交通堵塞、城市灾害严重。一系列的问题让我们不得不思考，城市人口的增长与城市土地的有限性该如何协调？

近年来，随着大城市人居环境的恶化，人们开始更加关注环境，然而，在行动上，在经济利益面前，环境似乎又被忽视了。拿大城市来说，开发商每投资建设一块土地，都要计算投入、产出，高昂的地价使他们选择了建设高层，所以，现代新区往往是高楼林立的地方。如西安秦二世遗址博物馆，博物馆建筑采取黑白灰色系，建筑内部空间灵活划分，给人以丰富的体验，整个设计很符合地域特色，可是，当我们在室外场地参观的时候，

---

[1] 任超，吴恩融. 城市环境气候图：可持续城市规划辅助信息系统工具[M]. 北京：中国建筑工业出版社，2012：237.

却有一种透不过气的感觉。为什么呢?因为秦二世遗址博物馆的周围几乎全部被高楼大厦所包围。我在想,视觉如此,那么空气可想而知,在层层高楼的包裹下,通风廊道如何形成?

假如有一天西安也如香港、上海、纽约一样高楼林立,那么西安的气候将不堪设想!因为西安本来就是一个盆地,东面、南面有秦岭山脉,不易形成通风,如果再被密密麻麻的高楼所占据,那么这些高楼就会像一道道密不透风的墙。幸运的是西安现在还有一些老街区,还有较多的多层建筑群,有利于城市风道的形成。

西安如此,上海也是如此。要保持上海中心城区高低层结合的布局特点,成片的里弄和绿地空间是上海城市呼吸的场所,里弄对城市的紧凑度起到平衡作用,而且还蕴藏着上海的历史文化。

2. 遗址的生态与文化效应

在我国的一些地方,还存在历史上的城市遗址,对这种类型的城市遗产应采取完整保护的方式,如位于常州市武进区湖塘镇的淹城,是目前我国保存最完好的古代地面城池遗址,建于春秋晚期,距今有2500多年历史,属于"三城三河"的形制,三道城墙逶迤起伏,三道护城河常年清波荡漾,水护城,城依水。20世纪90年代在吴良镛教授推荐下,我主持了保护规划,以后又做了景区规划。为了更好地保护淹城遗址,当地政府确立了"城内遗址立足保护、城外大规模绿化防护、适当利用"的保护原则,将新区与旧区严格区分,将遗址区建成公园,现在已成为市民观光休闲的场所;同时,在遗址区周边,新建了淹城新区,使原有的自然格局得到了完整的保护(图4-3,图4-4)。

2014年6月22日,第38届世界遗产大会宣布中国大运河项目成功入选世界文化遗产名录,成为我国第46个世界遗产项目。大运河在此成为

十四 保留城市呼吸的场所

图 4-3 常州淹城遗址外围

图4-4 常州淹城遗址模型

人们关注的焦点；运河两岸形成了绚丽的运河文化廊道，包括与运河相关的古渡、码头、闸坝、仓储、桥梁、碑刻、两岸城镇、水驿、建筑、运河的自然生态环境以及运河号子等民间文化。在运河调研中，我们发现一些不好的环境问题，如运河沿线的部分水面现已基本干枯，河道污染严重，垃圾随处丢弃等，但也看到了许多令人欣慰的景象，如高邮、德州等地的运河两岸树木丛生，自然生态环境非常好，如果运河保护与运河整治相结合，会形成更加美好的河道景观。

3. 高低不同的城市空间

从经济的角度来看，在一个街区留存不同年代的建筑，可以促进街区多样性的产生。简·雅各布斯认为：如果在一个地区只有新建筑，那么在这个地方能够生存下去的肯定只有能够支付其昂贵成本的企业。一些普通的企业在新建筑区是生存不下去的，因而它们更愿意去寻求老建筑的帮助，于是，"时间使得在一个年代里成本昂贵的建筑成为另一个年代里价格低廉的抢手货"[1]。历史街区中破败的老建筑具有价格低廉的优势，但是，当老建筑重新获得活力时，人们对其价值可能会有新的认识。

从气候的角度看，在一个城市中，老街区可以构成高低不同的空间肌理，有利于通风廊道的形成。对于西安这样处于盆地的城市，良好的通风

---

1 [加] 简·雅各布斯. 美国大城市的生与死[M]. 金衡山, 译. 南京：译林出版社, 2006.

对于改善气候环境可以起到相当重要的作用。在城市盛行风向上的城市建设要结合绿地、低层高密度的街区，并规划好合理的通风廊道。我们所说的"绿廊"，不一定仅仅是绿地、河流，沿线也可以是低层高密度的传统街区。历史上的北京城，从空中看，它不仅是个城市，更像是一片森林。因为过去北京到处都是四合院，而中国的四合院又有极好的生态环境，家家有院，户户有树，所以古代我们不必担心建筑给城市气候带来的不利影响；现代社会则不同，原因就是我们现在建设的大量工程都是高层建筑，而高层建筑阻挡了城市空气的有效流通。

上海老城区这些年来建了几千幢高层建筑，这是城市发展的需要，也是城市现代化发展的象征。从市中心高层楼上向下看，那大片大片低层的红瓦屋顶房屋就是尚存的石库门里弄。这些红瓦屋顶呈现出规则的排列，一个个屋顶在阳光下阴阳分明。老式石库门屋顶上突出的老虎窗打破了屋顶的平直和单调；新式石库门屋顶的多方向组合显得精致而多样。这一片，那一片，里弄在排列格局上各不相同；这一个，那一个，石库门的屋顶富有强烈的节奏感，像跳动的音符。从高楼俯瞰，不同的高度，会有不同的景象，是一种原生的美，非常有特色。就在这些石库门里弄里，生活着上海的老住户、老居民，这正是老上海的历史的根底。红瓦屋顶笼罩着的是上海百余年来传统文脉的留存和涌动。在上海中心城区，高层建筑已经进行了控制，不会再过多地建造了，而这些石库门里弄虽大多被划为保护的地区和范围，但却没能得到更可靠的法规保护，不断被各种理由所吞噬。根据我的实地调查，近年来（2008—2013年）原先计划保护的里弄已被拆去了近三分之一，我们大声疾呼要保护好上海老城区的石库门里弄，不能再大面积拆迁了！现在这些成片的里弄和高层建筑已经组成了上海城市高低层结合的特色景观，既形成了非常有特点的城市肌理，又形成了通畅的通风廊道，更形成了独特的传统建筑和现代建筑拼贴式的城市风貌。这些成片的里弄不但平衡了城市密度，而且与高层楼宇交相辉映，构成了上海独特的城市轮廓。这在世界众多大城市中，也是很特殊、很别致、很优美的景观。留住这种空间格局，更重要的是留住这些石库门，也就留住了上海城市的历史和城市的记忆，延续了海派文化的底蕴。

当然要保护里弄地区就要进行定期维修、更新、改造基础设施和疏解人口，要彻底改善居民的居住环境和生活条件，要与现代化大都市相适应。

上海的这种情况在许多大城市诸如北京、广州、重庆、天津、武汉以及青岛等都还存在，据我了解这些城市对于老区保护的呼声没有上海规划与建筑界人士的呼声高，政府着眼于城市 GDP 而对旧城改造的力度很大，恐怕不久的将来对城市的完整记忆就仅存于一些老旧摄影图像里了。

十五、从"改造"走向"保护与更新"

新中国成立以来,在全国范围内,对老城区实行的是"旧城改造"的方针,把旧城中的老房子整片地拆除,进行新的城市建设,或者建设成片的仿古建筑,或者建设高楼大厦,这种大规模的"旧城改造"迎合了人们普遍存在的喜新厌旧的心理,许多珍贵的古城被迅速地改变了面貌。

1. 为何不是"旧城改造"?

"旧城改造"抹杀了城市记忆。在20世纪80年代以前,人们还不太懂得城市遗产的价值,虽然也有一些专家、学者的呼吁要慎重地对待旧城,但得不到各方面的响应。20世纪90年代以后城市经济发展了,城市人口快速增长,住房需求增加。新的经济体制和城市土地政策带动了房地产业的兴起,"旧城改造"的速度与规模空前地发展。许多城市中高楼拔地而起,成片的新建筑和新设施填塞了老城区,大多数旧城换了新貌,同时也造成了城市历史环境和社会结构极大的破坏,城市的记忆被无情地抹杀了。"旧城改造"由于缺乏文化的思考,将城市旧区全部拆平重建,原住民消失了,同时消失的还有在历史上逐渐形成的社区文化。简·雅各布斯说:"如果一个街区能够顺利地自行运转,那么在人来人往的表面下,必然要有一个连续的人群,是他们组成了街区的人际网络。这个网络是城市不可替代的社会资本"[1]。这种社会网络不是一朝一夕就能形成的,它需要时间的积累,

---

1　Jane Jacobs. The Death and Life of Great American Cities[M]. New York: Random House, Inc., 1993:181.

而这种文化是城市的灵魂所在。城市的精神不在于大广场、大建筑所反映的城市的恢宏，而在于生活于城市中的人所反映出的点点滴滴的精神面貌的集合。

"旧城改造"破坏了城市特色。中国是有悠久历史的文明古国，绝大多数城市都有自己的历史和特色，像北京的老胡同和四合院，苏州河街相间的双棋盘格局，扬州鱼骨式深宅大院的巷里，福州的三山两塔一条街和三坊七巷，安阳的九府十八巷七十二胡同以及上海的新老里弄石库门等等，各具特色的旧城形成了独特的历史风貌，也孕育了各种浓郁又极富韵味的城市风情。有些著名的历史名城的城市特色在"城市改造"的种种不经意间被无情地破坏了，像福州的三山两塔已淹没在高楼群中，小小的荆州古城里竖起了别扭的高楼大厦，安阳古城里拓宽的大马路改变了古城格局，文峰塔成了交通岛上的装饰……匆忙崛起的新城区看似科学、合理，但实质上却缺乏特色和文化底蕴。特别是当中小城市都是一式的方格路网加环线、成排大同小异的高层加多层住宅楼的时候，真是千城一貌、万屋一面，我讥之为"简陋的现代化，贫瘠的城市景观"。

"旧城改造"隐含不安定的社会因素。在旧城改造中，政府支持新区开发和旧城大拆大建，在土地和资金政策上给予倾斜，以减免土地出让金和税费等优惠政策来吸引企业参与改造，许多开发商从中获得了高额利润，有的甚至可以达到200%的水平。《欧洲宪章》指出："历史中心区和历史地区的组织结构，有益于保持和谐的社会平衡"[1]。旧城改造的拆迁政策不仅孕育出很多巨富，而且存在很多弊端，造成人们心里的不平衡，出现钉子户多、市民上访等诸多问题，不利于社会的安定团结。从表面上看，政府取得政绩，开发商获得丰厚的经济回报，老百姓也有房子住了，似乎

---

[1] 欧洲理事会.关于建筑遗产的欧洲宪章[EB/OL].吴黎梅,张松,译.国际古迹遗址理事会西安国际保护中心网站, http://www.iicc.org.cn/Info.aspx?ModelId=1&Id=284.

很成功，但是，实际上城市居住的矛盾没有得到根本解决，在这种短期利益的背后隐藏了社会不安定的因素。简·雅各布斯曾批判乌托邦式的构想不考虑城市"复杂的、互相关联的、多方位的文化生活"，旧城改造与这种乌托邦式的构想如出一辙：它把旧城区当成城市的"肿瘤"，是落后的、破败的代表，需要全部铲除；需要采取脱胎换骨的方式，建造城市的新秩。"只知道规划城市的外表，或想象如何赋予它一个有序的令人赏心悦目的外部形象，而不知道它现在本身具有的功能，这样的做法是无效的"[1]。城市不仅仅是物质空间，它在根本上是人的生活空间，城市旧区的发展关系到基本的民生问题。

2. 从"旧城改造"走向"旧城保护和更新"

"更新"不同于"改造"，它强调城市生长的过程，而不是人为的"打造"过程。在城市发展中不能把过去留存的旧东西全盘否定，对旧城区内有价值的老建筑、历史格局和城市空间肌理应该加以保护，破损了应该加以维修，不合现代生活要求的要更新，使其继续为人服务。由于旧城往往是全面的衰落，所以旧城保护和更新首先是建立在更新和复兴地区社会经济生活的指导原则上，以改善居民生活条件和整体环境为目的，保护现有建筑中有价值的部分，通过环境的优化吸引更多的投资者、居住者，产生更多的就业机会，激活地区经济，从而使这些历史地段重新获得活力，从而能健康地持续发展下去。

"旧城保护和更新"强调尊重旧城区的现状，保留城市发展中不同历史时期的文化层。旧城区有许多既定的历史事实，包含对不可拆除建筑的保留和原有社区生活的延续，不允许像新区建设一样在空地上自由生长，因此，对于城市旧区，需要分清情况，审慎对待：对于质量较好的历史建

---

1 [加]简·雅各布斯.美国大城市的生与死[M].金衡山，译.南京：译林出版社，2006：14.

筑和里弄肌理，要严格保护；对于质量较差，但仍有保留价值的建筑和街区要进行合理更新，改善生活设施，从而提高居民生活水平；对于已经破败和没有保留价值的区域可以拆除重建。总之，要留下滋养新文化的土壤，让它们滋生出新的城市品质。"旧城保护和更新"是把城市当成一个有机体，它有一个不断新陈代谢、不断生长的过程。城市旧区反映了城市的多样性，反映了城市丰富多彩的生活，它可能很破烂，但是经过更新，它可能成为城市最健康、最有活力的地区。旧城发展不仅在于解决居住问题，而且要关注社会问题，通过保护城市遗产，改善居民环境，促进地区经济的发展，营造和谐的社区。

对于有一定历史积淀的旧城区，必须引入"整体性保护"理念。"整体性保护"在国际上被认为是城市历史地区保护和发展的"唯一有效的准则"，在历史地段的保护和发展中被广泛应用。"整体性保护"是一种动态的文化保护，涵盖了对物质空间和社会生活的保护。从保护对象上看，涵盖了从文物建筑到具有一定文化意义的一般构筑物以及人文环境的保护；从保护范围看，整体性保护从点的保护扩大到历史地段或者城市的整体环境；从保护方法看，整体性保护由单纯的考古修复技术演进为多学科参与的综合性行为和公众参与的保护运动；从保护对策看，整体性保护已经从单一的规划文本拓展到包括法律、法规、管理和实施政策的研究和制定上。总之，整体性保护不仅要保护历史建筑、空间肌理等实体特征，还要保护居住在其中的生活者以及社会网络。《华盛顿宪章》第五条指出："在做出保护历史城镇和城区规划之前必须进行多学科的研究。保护规划必须反映所有相关因素，包括考古学、历史学、建筑学、工艺学、社会学以及经济学；保护规划的主要目标应该明确说明达到上述目标所需的法律、行政和财政手段。保护规划应旨在确保历史城镇和城区作为一个整体的和谐关系；保护规划应该决定哪些建筑物必须保存，哪些在一定条件下应该保存以及哪些在极其例外的情况下可以拆毁,在进行任何治理之前,应对该地区的现状做出全面的记录;保护规划应得到该历史地区居民的支持。"可见,对旧城区的保护需要多学科、多部门的共同努力。

旧城的保护和更新要有全面的、切实可行的政策引导。在住房建设中,国家和地方政府出台了不少政策与法规,但都是针对新建地区和新建住房的;一些经济和技术指标如建筑造价、面积定额、建设用地的容积率、建筑密度、房屋间距、日照要求和绿地率等等都是针对新建小区的,对旧城区老住房基本不能适用。以前制定这些政策时,没有考虑旧区的价值,人们普遍认为旧区就应该被改造,要一律拆除变为新区,这才符合"现代化",才能"科学、合理"。这存在很大的片面性,实质上是忽视了历史传统,忽视了复杂的城市内在的规律和原来的社会结构。多年以来,由于我国许多城市中的老城区无法改善居住条件,也没有资金进行修缮和更新,只能逐步地被改造而消失。早在20世纪六七十年代,一些发达国家就开始重视老城的保护与更新,陆续制订了一系列政策与法规,国家和地方政府出资帮助居民对旧房进行修缮,同时支持和鼓励旧城区内居民继续在旧区生活,更新改造了原有落后的基础设施,为居民创造在旧区生活和就业的条件。美国还出台了对旧区居民的许多免税和减税政策,用优惠政策鼓励投资商在旧城区内进行保存历史建筑和使老建筑重生的投资活动。由于政策的支撑,在美国已引起各方面对旧城保护与更新的广泛兴趣;许多著名的建筑师热心地从事这些旧城更新工作,他们设计的已不是一座小楼、一幢古屋,而是整个街区和整个城镇,使这些历史城镇得到复兴,经济得到发展,人们也更加热爱自己的城市。历史保护应该作为城市发展的一个重要组成部分,因为它关系到当地居民生活方式和社会结构的稳定,它保护的是与保护自然生态环境同等重要的人文历史环境。

3. 旧城保护和更新需要技术支持

在技术方面，如果我们试图沿用现在常规的城市规划和建设的方法去改造旧区，依旧无法从根本上与历史环境达到协调，结果往往产生"保护性破坏"。对任何一个城市而言，规划技术规范的规定不应该在所有的地区都是相同的，否则会导致城市间的趋同化，使历史地区逐渐丧失其风貌特征。为了延续历史风貌，对旧城区中的建设不能按照一般新建区的建设方式进行，而需要在现有的规划体系下，针对旧城区的特点提出相应的控制要求，主要包括以下几个方面：

（1）容积率

建设量对地块空间和肌理的影响是决定性的，在"最严格保护"指导思想下，对核心保护范围内的规划地块可以采用"现状容积率"，即"规划地上部分的建筑总量不得超过现状地上部分的建筑总量"，而对一般的旧城区地块，建筑容量要根据建筑高度、密度等控制指标加以确定。

（2）建筑密度

旧城区的建筑密度一般都不能满足现行规划技术规范的要求，普遍存在建筑密度过大的问题，但是这并不能说明它的环境品质和居住条件在整体上就存在问题。如上海衡山路/复兴路历史文化风貌区是上海公认的整体居住环境最好的地区之一，但其花园洋房的平均建筑密度在35%以上，里弄住宅的建筑密度平均在45%左右。在上海历史文化风貌区保护规划中，采取了"原则性"的规定：第一，在保留地块上，规划建筑密度指标不得超过该地块现状的建筑密度；第二，在新建地块上，规划建筑密度不得超过同类历史建筑布局的建筑密度。

（3）日照间距

在旧城区使用现有建筑间距技术规范会对历史地段的城市肌理和空间

尺度造成破坏，因此，在保证居民基本生活标准的前提下，对日照建筑的规定也应适当调整。如在上海历史文化风貌区保护规划中规定了"如果是按原高度、原规模、原尺度并在原位置新建的建筑物，可以按不小于原建筑间距的原则进行建设。"[1]当然，这里所指的"原建筑"应该是能体现历史风貌的传统建筑，而不是搭建、临建建筑。

（4）绿地率

在旧城区，由于基地条件的限制和较高的建筑密度，绿地率指标难以达到现行城市规划的技术标准。在保护规划中规定绿地率在不得低于现状绿地率的前提下，可适当低于技术规定，而且保留地块中的平台绿地和屋顶绿化面积也可以考虑计入绿地率指标。在规划中，应侧重于改善居住环境，强化历史要素的特征和品质，保证其现代使用功能，拆除地块内部搭建的建筑物和构筑物，同时发展多种社会活动，促进旧城区经济和文化的振兴。

旧城保护和更新需要合理的资金保障制度。在旧城区更新中，政府应以公益性基金支持里弄建筑改造和社区更新，以国家补助作为启动基金带动地方和个人的资金投入；过去在城市新开发区所实行的土地优惠政策、贷款等方式也可以在旧城更新中尝试，提供包含税收政策在内的适当的财政资助和激励政策。从另一个角度看，政府在旧区更新中投入的建设资金在项目建成后由社会通过各种途径和形式得到回报，它所具有的文化价值及对相邻地块的市场价值的提升，可以为政府带来经济效益。由于旧城区具有更丰富的内涵，对城市精神文明建设的推进、社区凝聚力的加强以及对城市综合竞争力提高都具有重要意义。这种长远的对社会综合效益的提升不是短期的高额经济回报所能替代的。

---

1 阮仪三，陈飞.上海新一轮旧城更新中风貌特色传承的规划方法研究[J].上海城市规划，2008（6）：54.

十六、整体性的保护方法

多年来,我国的城市遗产保护一直是非常专业的活动,主要依靠具有专业知识的专家和相关职能部门来推动,缺少从规划制定、实施到监督的一系列过程。国际上自1970年以来,在《阿姆斯特丹宣言》《关于建筑遗产的欧洲宪章》等重要国际宪章文件中都多次提到要对文化遗产采取"整体性的保护",要求从规划制定、行政管理、资金保障、监督体系以及公众参与等多方面促进文化遗产的保护。这对于我国的历史街区保护也是非常重要的。

1. 制定保护规划和发展策略

我国历史街区的保护规划常常偏重于物质实体的保护,缺少对城市生活真实性的考虑。历史街区是包含人类活动的有机体,因此,历史街区的保护与一般的文物建筑保护方法不同,不能仅仅关注单个的建筑实体和某个环境要素,而应从街区整体出发,思考物质要素与人类行为之间的关系,将各类要素视为互相关联的整体。"一个保护规划方案的产生,要综合自然的(Natural)、文化的(Cultural)和视觉的(Visual)因素,协调生态的、环境的、文化的、景观的及其他方面的要求"[1]。

保护规划的前期调研工作尤为重要,它包括:① 对居民的访谈、了解历史建筑的建造年代、结构材料、历史的和现在的用途、居住情况、保存

---

[1] 张松.历史城市保护学导论——文化遗产和历史环境保护的一种整体性方法[M].2版.上海:同济大学出版社,2008:71.

状况及产权状况,需要对每一幢建筑的特点进行价值评述,作为规划依据;② 在对现状资源调查、分析和评估的基础上,确定历史建筑的类别,可以分为文物建筑、保护建筑、历史建筑、与历史风貌无冲突的建筑、与历史风貌有冲突的建筑等等,并制定保护方法,通常包括修缮、维修改善、保留、整修改造、拆除等措施;③ 经过分析历史街区的风貌和空间特色,划定保护范围和建设控制地带的范围,制定高度分区和景观控制措施,并分析如何保护、更新和整治历史环境;④ 根据具体情况,制定切实可行的街区发展策略,补充缺失的法规政策,并通过公众参与机制,让居民为街区发展出谋划策。居民的参与一方面可以减少规划误区的产生;另一方面,可以增强居民对街区价值的认同感。当然,保护规划也不是一成不变的,它需要在实践中得到及时修正。

保护工作需要长期细致的工作。目前,我国对于历史街区的保护,常常是一个"短、平、快"的过程,在短期内采取统一的保护政策完成保护工程。2008年北京奥运会前夕所进行的大规模胡同改造也反映出这样的问题:北京大栅栏地区改造的5条胡同,一共有2000多个工人同时施工,通过层层承包的方式来进行;施工时间仅有3个月;施工的依据只是平面图和照片,而大部分施工只能依靠工人对古建筑修建的经验等等。这种"求快""重形象"的保护方式必然造成大量历史信息无法挽回的损失。许多国际经验证明,对于历史街区的保护需要中长期的计划。在世界遗产地大马士革(叙利亚的一个城市)的街区发展中,居民曾经外迁,后来他们开始了一个巨大的计划:开始训练年轻人,开放博物馆,增加保护知识和传统技术,手工艺得到扶持。经过十年的努力,居民开始回迁。历史街区中因为有历史形成的现状,所以与新区建设相比,保护过程会复杂得多,需要面对每一个特殊的、具体的情况,采取有针对性的解决措施,必然需要一个长期的过程。

在我国，我们要留住原住民，要维修老房子，这些问题都与产权息息相关。目前，对于历史街区内的老房子，我国的土地产权制度还存在一些问题。我国法律规定私人"自然享有"土地使用权，但是没有明确规定使用期限，这意味着无限期，还是可以随时终止？瑞典的经验表明，土地租用系统作为一种土地利用规划的手段并没有预期的那么理想。例如，协调土地租用期限的终结和城市再发展规划之间的关系显得很困难[1]。至今在我国的历史街区中，仍然普遍存在"大杂院"现象，私人房产所有权得不到落实。产权归属问题是影响我国历史街区长远发展的关键因素，大多数老房子居住者没有产权，自然没有归属感，因而也没有主动维修的意识。"文化大革命"时期遗留下来的问题应该在经济、政治都日益宽松的当代社会得以解决。在城市的老街区，应将属于私人的房屋产权归还房主。通过制定一系列引导政策，鼓励居民自己修缮老房子，形成以居民为主、政府和专业人员协助的保护方式。简·雅各布斯介绍的波士顿北段地区由最破败贫民窟变为最健康地区的事例中，整修资金不是来自大银行的投入，也不是来自政府的资助，"翻新工作需要的资金几乎都来自这里的商业或房屋所得，一点一点投入；居民以及他们的亲戚中有一些懂技术的人，这些人的加入则是另一种代替资金资助的形式"[2]。这种居民自我组织的方式对我国也有一定的借鉴作用，让居民成为历史街区保护的主体，政府给予资金和技术上的帮助。

另外，归还房屋产权意味着大量租房户需要搬迁，那么政府的公共政策就起着非常重要的作用。奥运前夕的北京胡同改造虽然没有迁走居民，但是很多居民的居住水平依然很低，如果不采取疏散人口的方式，人均居住面积依然达不到国家规定的平均水平。从长远来看，居民的生活没有得

---

1 Huque, K·Ashraf. Land Use Planning: Swedish Experiences and the Third World[M]. Stochholm, 1987: 88.
2 [加] 简·雅各布斯.美国大城市的生与死[M].金衡山，译.南京：译林出版社，2006：5-20.

到根本性的改善。因此，解决历史街区的产权问题需要政府统筹安排，而不能将其推向市场。历史街区的保护和发展必须和政府的住房保障制度相结合，通过保障性住宅解决搬迁户的居住问题。

2. 建立激励机制和税制政策

在西方国家，税制是一种常见而普遍有效的方法，他们通过减免税促进遗产保护。对符合保护要求的住户，减免税收，鼓励其对历史建筑的修缮；对不符合要求的进行征税，通过经济作用来调节建设行为。比如，美国采取的一系列税制优惠政策和经济优惠措施中包括联邦政府和州政府两个层次，其中州政府的税收优惠政策主要包括："A. 财产免除税：对历史学会、历史保护组织免除财产税；B. 所得税减额：修复所需费用的一定比例从其应缴纳所得税中扣除；C. 税额减少：从纳税人应缴纳的税金中直接减额；D. 特例评价：对历史建筑的改建再生，在一定年限内（一般为5～10年）对上升部分的财产税搁置免征或仍按改建前的评定额为标准征收；E. 免除销售税：对历史建筑类博物馆的入场券等收入实行免除销售税"[1]。在我国的城市遗产保护中，至今尚没有有关税收制度促进保护的政策。与美国有所不同的是我国税收制度的制定需要国家层面的批准，地方政府没有独立的税收政策，因此，只有从国家层面上制定政策，才能通过经济的作用促进遗产保护。

奖励和开发权转移也是一种很好的遗产保护激励政策。比如在历史街区实行容积率转移或容积奖励的办法，将历史街区中的可建设面积转移到其他地块，这样不但可以缓解历史街区容积率过大的问题，而且可以解决开发商追求经济利益与保护公众利益之间的矛盾。值得注意的是，所转移

---

1 张松. 历史城市保护学导论——文化遗产和历史环境保护的一种整体性方法 [M]. 2版. 上海：同济大学出版社，2008：116-117.

的地块应具有较好的位置,如在地铁、车站附近,这样有利于历史街区居民的生活和工作。台湾较早引入了容积率转移与奖励办法来取得公共设施用地及进行历史街区保护,"1989年3月出台了《都市更新建筑容积率奖励办法》。办法规定奖励容积率可以达到建筑基地法定容积率的1.5倍或建筑基地的0.3倍法定容积率加上原来的建筑容积率。容积率转移是一种补偿措施而不是奖励措施。它的对象限于古迹、历史建筑、有意义的公共空间或者城市规划的公共设施。"[1]这种奖励和管制政策值得我们借鉴,它不但有利于历史街区保护,而且可以保障财产所有人的合法权益。

3. 保护过程需要社区居民的参与

城市遗产保护不仅是技术方面的问题,它也关系到普通居民生活的环境,代表不同的利益群体,是一个深刻的社会问题。对于社区居民来说,他们每天生活在街区中,对地区发展的过程有切身的体会,对当地问题的解决有最直接的发言权。"实践证明,这个看似牺牲效率的程序带来的是真正的效率,因为能够最大限度地使城市成员公平获益"[2],公众不带有专业的偏见,他们是从生活本源去思考问题,他们的参与可以大大减少决策的失误,对保护的结果会产生积极的影响。

国际上,社区居民的参与已成为遗产保护中十分关键的一环,在法国、意大利、日本等遗产保护先进国家都建立了公众参与机制。日本在历史环境保护中,"以地方居民为中心,并得到专家的协助,通过向行政当局进言、向议会请愿,向民众呼吁等形式,使立法、国家政策有了根本性的转变"[3],日本的市民运动大大促进了遗产保护的立法和实践。多年来,我国的城市遗产保护过程主要是自上而下的单向行政管理体制,公众的保护意识不强,

---

1 叶茂中,郭燏烽.台湾旧城保护与更新城市设计策略初探[J].山西建筑,2006(10):22.
2 赵蓓蓓.城市需要个性和魅力——透析城市建设中的"千城一面"现象[N].人民日报,2007-01-26.
3 张松.日本历史环境的保护与实践:法律、政策与公众参与[J].华中建筑,2001(4):87.

城市遗产保护缺乏广泛的社会基础。由于公众信息和专业知识的缺乏，不能积极主动参与决策，公众的意见对决策不具有约束力。当前，在社会主义市场经济体制下，随着我国政治民主化进程的不断深化，公众的社会民主意识逐渐增强，人们历史意识的提高和对历史文化心理需求的增强为公众参与的展开创造了条件。

城市遗产保护中的公众参与，不仅仅是公开规划信息，而且应该让居民参与到保护实践的全过程，包括最初的调查、评估、方案制定、研究决策以及后期的实施过程。政府、专业设计人员和公众之间应该形成一种连续互动的友好关系。居民的参与实际上是一种能力建立的过程，通过积极地参与规划过程，会激发居民对一个地区的热爱，从而更加长久地弘扬地方传统文化，这对于社区的可持续发展具有重要意义。在具体的保护实践中，可以通过多种方式增进这种能力的建立，比如为居民提供项目进行过程的信息资料；通过会面、问卷调查等方式了解居民的意愿；通过地方报刊、电视和广播等加强宣传，邀请居民一起讨论规划方案；选派居民代表参加项目过程的监督，或与当地居民或社会团体建立合作伙伴关系；将决策建立在协商的基础上，鼓励自愿奉献的劳动和资金。总之，通过一系列的居民参与措施，促进当地居民、租户和各类团体形成"主人"的意识，这也有利于历史街区未来的保护。

保护需要多学科、多部门的合作。对城市遗产原真性的判断，不可避免地带有人的主观因素，因此需要多学科专家的集体决策，并保证判断依据的真实性。早在1974年，ICCOROM（国际文物保护与修复研究中心）的菲利波特（Philippot）先生就指出参与保护工作的专家应包括建筑师、工程师、规划师、历史学家、艺术史学家、考古学家、施工队负责人、保护的实施者、保护的技术员、工匠以及保护科学家和实验技术人员[1]。保护工作可能涉及考古学、历史学、建筑学、社会学以及经济学等多个学科,"没有全方位的合作,整体性保护就不可能成功"[2]。

当某个历史街区衰败的时候,建筑师、规划师往往从物质的角度去看街区环境的变化,但是当一个更加广泛的专业团队加入时,情况可能会有变化。城市设计者更关注整体的环境;居民更关注他们日常生活的延续;来自不同领域的人员不断寻找其专业视角下历史街区新的价值,建立新的文化意义。在中国城市化速度加快的时期,人们容易追求暂时的利益,而缺少对历史街区价值的深入研究。对我国历史街区文化意义的理解需要更广阔的视野,需要建筑、规划、环境、设计、保护等不同专业的聚合,从不同的视点去探寻发展途径。

苏秉公与庞啸合著的《梦天地,寻寻觅觅田子坊》(文汇出版社,2014)中详实记述了上海田子坊的旧改策略:

"田子坊是上海旧区改造更新的另一种模式(图4-5),它虽然呈现着上海旧里弄石库门鲜明的特色,同时也表露出旧居住宅所有的弊端,除了房屋破旧,还存在工厂区和居民区混杂,严重的脏、乱、差,家家户户都还使用着马桶,但却很有特点。它空间布局独特,虽然是厂居混杂,却井然有序,建筑形态多样,老式、新式的里弄,明清庭院和老房子,透视出海派文化的底蕴。田子坊的改造没有采取一刀切的做法:其一是把居民区和工厂区捆绑在一起'打包式'规划改造,这样就避免挑精拣肥丢骨头;其二是在保持现状条件下,居民参加改造,成为利益博弈的主体一方;其三是市政府把旧区改造和有关城市管理的掌权下放到区一级政府,发挥市、

---

[1] Jukka Jokilehto. An International Perspective to Conservation Education[J]. Built Environment,2007,33(3):283-285.
[2] 欧洲理事会. 关于建筑遗产的欧洲宪章[EB/OL]. 吴黎梅,张松,译. 国际古迹遗址理事会西安国际保护中心网站, http://www.iicc.org.cn/Info.aspx?ModelId=1&Id=284.

十六 整体性的保护方法

图 4-5 上海田子坊

区两个积极性；其四，区政府又把旧区改造的相关管理掌权下放给街道办事处，包括闲置厂的利用、发展创意产业、安置下岗待业人员等等，调动街道办事处在城市建设中的主观能动性，从而形成'两级政府三级管理'这一城区管理的新体制，加快了城市的更新过程。再如在城市管理中'居改非'是严格控制的，但如何使房子得到合理利用，能改善居民生活，繁荣社区商业，这就不能管得太死，在地方法规的制定中，社区居民参与了，就能兼顾到政策的平衡。政府权力下放了，许多棘手的问题也就能迎刃而解。在田子坊开发的起步阶段，由于参与者发生了结构性变化，除了政府部门、国资、集资所有者以及实际经营者之外，增添了部分原居民，他们以出租自住房的方式参与市场竞争，成为利益博益的一方，于是原来的生活共同体逐步演变成了经济共同体。田子坊的发展开始与原住民休戚相关，建立起一损俱损，一荣俱荣的关系，田子坊就是在这样的背景下，从无到有，从小到大，从冷冷清清到热热闹闹，获得社会广泛的认同。"

十七、保护创造新建筑的文化土壤

奥地利著名艺术史学家里格尔认为,岁月的力量是新物发展的潜力;新物要和旧物有区别,真正的现代作品必须在概念和细节上尽可能减少对已有作品的重复和对旧物的崇拜。坚持城市遗产保护的原真性,并不是为了让当代人或后人去重复前人已经做过的,而是要通过历史遗存的真实信息找到它的精神所在,从而在不同的时间创造不一样的物体,这是人类发展新文化的主要途径之一。萧依提出"能力建设"的概念,通过知觉、触觉等人与物质实体的直接联系去建立一种新的能力。

原真性的保护可以留存真实的信息,为未来新建筑的创造提供条件。新建筑风格的创造虽然包含很多个人的灵感,但是它不能脱离一定的历史背景。今天我们强调保护的原真性,就是为了把真东西留给后代。古代建筑有它的语言和秩序,我们必须首先学会它、理解它,然后再去求变化、求创新。有人形象地比喻:"没有建筑遗产积累的土壤,新建筑不可能繁荣,并且,如果我们去除上层土壤,它不可避免地会枯萎。无论我们怎样正视我们的目标,在精神的空尘中没有人能够建立起新耶路撒冷"[1]。人需要一种特定的过去,需要现在与过去的某种关联去指引未来。历史建筑作为现状环境条件,它是新建筑创作的"参考群体",因此,我们应该尽可能多地保存老建筑,保留它们真实的状态。城市遗产是人类发展到某个历史阶

---

[1] Lancaster, Osbert. What Should We Preserve[M] // Jane Fawcett. In The Future of the Past: Attitudes to Conservation, 1174-1974. New York: Watson-Guptill Publications, 1976: 69, 73.

段的实物例证，我们需要这些历史的证据培养现代人的历史意识，用发展的眼光看问题，让我们懂得我们的民族在新的时代更需要的是创新。

罗斯金指出：在我们把过去的建筑作为最宝贵的遗产加以保存的同时，也应使当代的建筑成为历史，"我们在建造屋舍时要耐心仔细，带着几分欢喜，用心达到完美，心中想着在正常情况下，这些建筑起码要能抵御当地的沧桑岁月，这就是我们的道德义务之一"[1]。好的建筑必然能够经受时间的考验，无论在坚固性，还是审美性上，它会体现出时代的特征。后人可以从建筑中读出当时人们所处的时代背景、地域环境和思想意识。近年来，我国经济的快速增长促进了建筑业的发展，然而，城市中的优秀建筑却不多。城市中出现了许多仿古、仿欧建筑，而缺少滋生于本土的优秀建筑，正是由于现代建筑师缺少中国古代建筑的深厚功底，加之浮躁与急功近利的思想，造成我国历史城市中也出现千篇一律、风格雷同的现象。

当前，在中国城市中也有一些优秀的建筑，运用不同的手法，吸取传统的建造法则和现代的设计理念，它们用比例、尺度、色彩、空间的布置等手法来表达新的建筑理念。比如上海金茂大厦有中国古塔的神韵；上海电视台展示了"大珠小珠落玉盘"的意境；著名国际建筑大师贝聿铭先生设计的苏州博物馆新馆（图4-6，图4-7），没有刻意模仿古建筑，而是运用了苏州传统建筑的尺度、江南园林的组织方式。人们一眼就能看出它是新建筑。建筑没有过多使用华丽、铺张的色彩，只是以苏州最具代表的黑、白两种颜色作为整个博物馆的基本色调。苏州博物馆新馆屋顶部分的三角形是完全取自苏州老房子屋顶的比例——竖边是1，横边是2，这是江南水乡瓦顶木屋架的模数。苏州博物馆新馆是苏州的，也是贝氏的，它很好地运用了中国的传统手法，具有江南水乡的特点，同时采用钢结构的新材

---

1 [英]约翰·罗斯金.建筑的七盏明灯[M].张璘,译.济南：山东画报出版社,2006：162.

图 4-6 苏州博物馆新馆（1）

图 4-7 苏州博物馆新馆（2）

料，是现代建筑创新所追求的传统与现代的结合。贝聿铭先生在接受《中国房地产报》记者采访时说，"希望苏州博物馆的设计能激发正在大兴土木的中国，使中国既不会沦为仿古建筑的奴隶，也不会成为蹩脚的西方建筑模仿者，而是能及早找到自己的建筑道路"[1]。

中国古代建筑无论在形式、结构、功能还是艺术上都有独到之处，反映了当时辉煌的东方人类文明。当前，虽然中国经济落后于西方发达国家，但是我们不能一味抄袭，不能在中国有限的城市用地上建设大量欧式建筑，而应把有限的资金和土地用来弘扬我们自己的文化。真正能够流芳百世的中国建筑应该源于我们自己的文化，我们应该花更多的时间和精力去领会中国文化，去体会生活，创造具有中国特色的现代建筑。

保护城市历史文化遗产，原真地留存这些珍贵的遗存，可以成为重要的、有明显效用的旅游资源，也可以成为开展各种文化活动的场所和教育基地，直接、间接地产生经济效益，但是这些仅是表面现象。我们保护的目的是为了下一代，要让他们了解中国还有过这些伟大而精湛的艺术与技术；我们自己也可以从中汲取中华传统文明的精华，从而创造出新的、有中国传统的、有地方特色的、有文化内涵的新建筑、新城市、新乡村。历史城市、历史村镇和当地的那片土地、那种地理环境、那里的风土人情是分不开的，我们原真地保护住它们，就是为我们祖国、为我们人民、为我们的祖辈守住了一片家园。这片家园可以滋养出中国特色的东西来，正像贝聿铭有了苏州古城的环境，才能做出苏州博物馆；王澍博士有了浙江民居的修养，才能做出"五散房"。让我们尽力动员各方的力量，都来保护城市遗产，振兴中华文化。

---

[1] 王海春，刘辰. 苏州博物馆新馆：贝聿铭的"争议"收山之作 [N]. 中国房地产报，2006-10-23.

附录：我国城市保护理念变迁历程

我国近代城市遗产保护的开创者梁思成先生早在1930年就提出了一系列历史古迹保护思想，包括不宜轻易施行建筑复原、重视古建筑周边环境的保护等。他倡导对古建筑进行实地调查的研究方法，并与林徽因、莫宗江等对我国古建筑进行了大量测绘。梁思成先生为西方人了解中国建筑打开了一扇窗。他通过英文学术文章、到国外讲学等方式介绍中国古建筑，让西方人知道了中国传统建筑的美与神奇，从此不再轻视东方建筑。可是，无情的战争使梁思成先生无法继续他所热爱的古建测绘，战争也使人们无暇顾及古建筑保护。

新中国成立后，我国城市遗产保护经历了曲折的发展阶段：从"重发展，轻保护"到"文化大革命"时期的大破坏，再到所谓的"建设性破坏"，终于迎来人们保护意识开始觉醒的时候又发生了很多的"保护性破坏"。纠正保护实践中的错误理念是本书写作的初衷。这里，我们把中国城市保护理念的变迁历程概括为以下四个阶段：

一、萌芽期（建国初期）

再从梁思成先生说起，从北京城谈起。1950年，梁思成和建筑学家陈占祥一起提交了著名的"梁陈方案"，提出在北京旧城外的西侧另辟新区，保护被梁思成先生称为"世界城市史上奇迹"的老北京城。可是,"梁陈方案"被否决了,取而代之的是苏联专家的方案。今天,回首过去,人们痛心疾首,我们祖先的宝贝被错误的理念扼杀了。"梁陈方案"说明了什么?有人说,当时中国经济百废待兴,根本没有经济实力去另辟新城。可是,这能成为我们破坏"无与伦比"的老北京城的理由吗?追根溯源,在于理念,在于思想。当时,人们想发展经济,而没有认识到北京城极高的历史价值和珍贵的艺术价值。

当然,也有一些城市在这一时期编制的总体规划中考虑到了历史城市的保护。如周干峙先生主持的西安市总体规划(1953—1972),考虑了西安的历史,保留古城格局,城市发展避开汉唐遗址,为西安古城保护奠定了基本框架。遗憾的是,随着后来城市的扩张,西安没有走"新旧分区"的道路,给古城保护带来了难以挽回的影响。

实际上,我国城市遗产保护的观念源于文物保护思想。新中国成立后,随着国民经济的全面恢复,1961年我国公布了第一批180处全国重点文物保护单位,成为我国文物保护工作的一项基本制度。当时,我国在城市建设方面受到苏联强调复原的保护思想的较大影响,同时又有中国人传统上追求金碧辉煌、完整统一的意识影响。这些影响至今还左右着我国的城市遗产保护实践,以至于人们对于"原真性"的理解仍然有很大的争议。

自1949年至1965年间,国际社会颁布的最重要的城市遗产保护文件当属《威尼斯宪章》(即《国际古迹保护与修复宪章》)。第二次世界大战结束后,欧洲各国纷纷修复被战火焚毁的历史古迹,然而在修复过程中,一些历史建筑失去了原有的价值。为此,欧洲保护界人士认识到有必要制定各国共同遵守的国际准则，以确保对历史建筑文物价值的有效保护，于是在1964年签署了《威尼斯宪章》，成为后来文化遗产保护的纲领性文件。此时，对于遗产保护，更多的是指单体建筑，对城市整体性的保护思想还尚未形成。

二、停滞期（"文化大革命"时期）

1966—1976年，我国历经了十年"文化大革命"，要求彻底破"四旧"（即"旧思想、旧文化、旧风俗、旧习惯"），各类运动不断，经济发展停滞，很多老建筑遭到了破坏，给城市遗产保护带来了很大的影响。

同一时期，埃及的阿斯旺水坝事件引起了国际社会的关注。国际多方筹措资金，成功地拯救了属于埃及，也属于世界的阿布辛拜勒神庙等遗址群。这一事件让人们认识到世界遗产不仅属于个别国家，而且属于全人类。在此事件的促动下，1972年联合国教科文组织大会通过了《世界遗产公约》。可惜的是，当时正处于轰轰烈烈"文化大革命"时期的中国，传统的东西都被视为腐朽落后的代表，大量国家文物遭受洗劫，许多地方的名胜古迹惨遭破坏。我们在调研西安北院门历史街区老宅院时，当地年纪较大的居民时常惋惜地告诉我们，文革时期，红卫兵砸坏了很多东西。当我们采访到化觉巷125号宅院时，却发现院中的砖雕极其精美，丝毫没有损坏，据宅院主人安守信先生说他是冒险将这些砖雕都摘下来藏好才得以幸免于难的。

虽然该时期对城市遗产产生了很大的负面影响，但是因为当时经济发展缓慢，城市建设量不大，没有破坏古城的基本格局，也不存在拆除大面积的历史街区的现象。因此，对城市遗产破坏最大的不是"文化大革命"，而是在后来我国城市经济快速发展的时期。

三、摸索期（改革开放初期）

经历了十年"文化大革命"，人们思想上形成了一种忽视文化和传统的倾向。20世纪80年代初期，随着改革开放政策的实行，文物保护逐渐得到了重视。1982年我国颁布了《文物保护法》，成为我国文化遗产保护领域的第一部专门法律，标志着中国以文物保护为中心内容的文化遗产保护制度已经形成。同年12月，国务院公布了第一批重点保护的国家级历史文化名城，包括北京、南京、苏州、西安、延安等24个具有重大历史价值和革命意义的城市。这是"历史文化名城"被首次正式、明确提出，关于历史文化名城保护的研究从此兴起。1986年我国公布了第二批38个历史文化名城，明确了审批标准、保护规划的要求以及历史文化保护区的概念，历史文化名城保护的深度与广度得到了进一步推进。

改革开放后，我国加强了与国际文化遗产保护组织的合作，1985年中国加入《保护世界文化和自然遗产公约》。1987年周口店北京人遗址、敦煌莫高窟、泰山、长城、秦始皇陵及兵马俑等中国文物古迹入选第一批世界遗产。在城市遗产保护理论领域，一些重要的国际宪章文件被介绍到中国（如《威尼斯宪章》），标志着我国文化遗产保护事业开始走向世界、融入世界。

20世纪80年代以后我国出现了新的建设高潮，伴随着"保护古城是否与现代化建设相矛盾"的争议,一些原来富有特色的城市在"发展"的名义下逐渐失去了历史记忆,这就是所谓的"建设性破坏"。您可曾知道,20世纪80年代的江南不仅有周庄,还有很多比周庄更有特色的古镇?!可它们就是在填河开路的20年大建设中灰飞烟灭!您可曾知道,当时的山西也不仅有平遥古城,周围的太谷、祁县、忻州、介休,都跟平遥一样保存完好?!平遥和太谷是姊妹城市,太谷比平遥规模更大,拥有完整的城墙、钟鼓楼、孔庙、各种各样的坛庙和很多保存完好的民居……可是,在拆旧城建新城、修马路开汽车的同样的大建设中,一座古城被彻底毁掉了。可见,人们的思想和理念对一座城市的保护和发展会起到多么重要的作用!

四、发展期:(90年代至今)

这一时期,可以用"觉醒"与"困惑"来形容。随着国民经济的增长和城市的快速发展,人们逐渐意识到文化遗产对于一个城市、一个国家具有的重要意义。从1995年起,国务院拨出专项资金帮助历史名城的历史街区进行基础设施和风貌保护,取得了很好的效果,对全国古城的保护具有重大影响。从2003年起,建设部和国家文物局共同组织评选"中国历史文化名镇名村"。2005年颁布《历史文化名城保护规划规范》,对历史文化名城保护规划的编制提出了具体要求。2008年国务院通过《历史文化名城名镇名村保护条例》,不仅使历史文化名城、名镇、名村受到了法律保护,而且使大量不属于文物保护单位的历史建筑保护也找到了法律依据。还有一部重要的行业规范是《中国文物古迹保护准则》,它是由ICOMOS(国际古迹遗址理事会）中国国家委员会在中国文物保护法规体系的框架下制定的适合中国国情的文件，它与《威尼斯宪章》一脉相承，科学系统地阐释了城市遗产保护的基本原则和方法。

在保护实践中，虽然人们已经意识到保护的重要性，但是存在着保护知识匮乏的问题，加上一些人浮躁和急功近利的心态，以致产生了大量的"保护性破坏"。"保护性破坏"的思想根源无外乎两种：①认为保护古城是为了发展旅游，盲目追求经济回报；②认为保护古城就是恢复历史遗迹，通过重建古迹体现传统特色，1986年改建的北京琉璃厂就是这种破坏的典型事例：拆掉原来琉璃厂的老房子，建设新的琉璃厂，被称为"明清文化一条街"。其特殊的地理位置和重要的文化影响力一时间成为全国各地历史古城保护争相效仿的对象。实际上，我国古代建筑对屋顶的式样、色彩、门面的开间都有严格规定：中国古建筑六种屋顶，皇帝的居所是最高级别庑殿顶；亲王可以建歇山顶；接下来的悬山、硬山、卷棚顶、攒尖顶等都有具体规定，不能随便建。对于颜色，皇帝用黄的；天神用蓝的；地神用绿的；老百姓用黑的和白的。可是现代版琉璃厂五颜六色的装饰误导了人们对于历史的理解。

20世纪90年代我国经济的快速发展也带来了大量的"旧城改造"，但是人们对什么是"旧城"并没有清晰的认识。许多人认为"旧城"就是过去岁月留下的破败不堪的老城区，是城市发展的沉重包袱，需要"脱胎换骨"式的改造、更新，于是，进行新的城市建设在旧城中老房子被整片拆除的基础上大规模展开。从表面上看，政府取得政绩，开发商获得丰厚的经济回报，老百姓也有房子住了，似乎很成功，但是，实际上城市居住的矛盾没有得到根本解决，历史上逐渐形成的地域文化和城市风情也消失殆尽。近年来，虽然对于城市保护理念的争议与思考逐渐增多，但是也确实存在着大量正在施行"保护性破坏"的城市实践者，尤其是领导；因为领导的影响力更广，如果领导的理念是错误的，那么他对于一个城市的影响将是不可逆的。城市遗产一旦消失，很难恢复。

2012年由国家住房和城乡建设部协同国家文物局组织专家对全国120余个国家历史文化名城的保护情况进行了检查，其中被提名严重警告的有聊城、邯郸、随州、寿县、浚县、岳阳、柳州、大理等八个县市，其中就涉及拆掉真古董去新建假古董的一些所谓"名城"。这应引起我们的警醒和深思。

名城保护做得比较好的如苏州古城，14.24平方公里范围内，几十年来没有建立一幢高层，所有建筑高度都控制在24米以下；古城内部逐步更新，并保持着原有的街巷肌理和传统民居风貌，其中以平江路为代表的历史街区，更是做到了原样原修，在原真街巷风貌中增添了更丰富的文化内涵。扬州近年来有十多户人家拆了新房做老屋，旧城里还新出现了五十多个私家小园林，这些新建的老屋和古典式样的小园林，像颗颗明珠，洒落在古城的老街、老巷里，为扬州古城增添了奇光异彩，这些老城风貌特色的回归，后面一定是有政府的推手和民众的智慧，让人为之叫好！

在未来的城市保护道路中，我们需要正确的理念，需要遵循基本的保护原则。首先是原真性，就是要保护历史文化遗存真实的历史原物，要保护它所包含的全部历史信息。整治要坚持"整旧如故，以存其真"的原则,维修是使其"延年益寿"而不是"返老还童"。其次是整体性。一个历史文化遗存是连同其环境一同存在的,不仅要保护其本身,还要保护其周围的环境。对于城市、街区、地段、景区、景点,要保护其整体的环境,这样才能体现出历史的风貌。整体性还包含其文化内涵和形成的要素,如街区就应包括居民的生活、活动及与此相关的所有环境对象。第三是可读性。历史遗存会留下历史的印痕,我们可以直接读取它的"历史年轮"。可读性就是要在历史遗存上读得出它的发展历史,就是要承认不同时期留下的痕迹。大片拆迁和大片重建都不符合可读性原则。第四是可持续性。保护历史遗存是长期的事业,不能急于求成,如果我们没有适宜的保护与修复技术,就不要轻易动手去"保护",我们完全可以把珍贵的遗产留给下一代人。要一朝一夕恢复几百年前的原貌必然只能做表面文章,要加强教育使保护事业持之以恒。对于历史建筑和历史街区,不能像文物器件那样采取博物馆式的保存方式,人要生活其中,就需要生活现代化和历史环境的协调,这也是历史遗存可持续发展的关键性问题。保护古城不仅是为了保存珍贵的历史遗存,重要的是保留下城市的历史传统、建筑的精华。保护这些历史文化的载体以便从中可以滋养出新的有中国特色建筑和城市。

参考书目

1. Alois Riegl. The Modern Cult of Monuments: Its Character and Its Origin. Translated by Kurt W. Forster and Diane Ghirardo. In: K. Michael Hays, eds. Oppositions 25. New York: Princeton Architectural Press, 1998.
2. Francoise Choay. The Invention of the Historic Monument. Translated by Lauren M·O'connell. Cambridge: Cambridge University Press, 2001.
3. Huque, K·Ashraf. Land Use Planning: Swedish Experiences and the Third World. Stochholm, 1987.
4. Jane Fawcett. In The Future of the Past: Attitudes to Conservation, 1174-1974. New York: Watson-Guptill Publications, 1976.
5. Jukka Jokilehto, A History of Architectural Conservation. Oxford: Butterworth-Heinemann, 1999.
6. [加] 简·雅各布斯. 美国大城市的生与死 [M]. 金衡山, 译. 南京：译林出版社, 2006.
7. 陈平. 里格尔与艺术科学 [M]. 杭州：中国美术学院出版社, 2002.
8. 陈志华. 北窗杂记 [M]. 郑州：河南科学技术出版社, 1999.
9. 方可. 当代北京旧城更新 [M]. 北京：中国建筑工业出版社, 2000.
10. 高念华. 胡雪岩故居修复研究 [M]. 北京：文物出版社, 2002.
11. 顾军, 苑利. 文化遗产报告——世界文化遗产保护运动的理论与实践 [M]. 北京：社会科学文献出版社, 2005.
12. 国家文物局法规处. 国际保护文化遗产法律文件选编 [M]. 北京：紫禁城出版社, 1993.
13. 哈拉尔德·韦尔策. 社会记忆：历史、回忆、传承 [M]. 季斌, 等, 译. 北京：北京大学出版社, 2007.
14. 梁思成. 梁思成文集（二）[M]. 北京：中国建筑工业出版社, 1984.
15. 梁思成. 梁思成全集：第一卷 [M]. 北京：中国建筑工业出版社, 2001.
16. 梁思成. 梁思成全集：第二卷 [M]. 北京：中国建筑工业出版社, 2001.
17. 梁思成. 梁思成全集：第三卷 [M]. 北京：中国建筑工业出版社, 2001.
18. 梁思成. 梁思成全集：第五卷 [M]. 北京：中国建筑工业出版社, 2001.

19. 费尔登·贝纳德. 世界文化遗产地管理指南[M]. 刘永枚, 等, 译. 上海: 同济大学出版社, 2008.
20. 伽达默尔. 真理与方法: 下卷[M]. 洪汉鼎, 译. 上海: 上海译文出版社, 1999.
21. 纳赫姆·科恩. 城市规划的保护与保存[M]. 王少华, 译. 北京: 机械工业出版社, 2004.
22. 帕特里夏·奥坦伯德·约翰逊. 伽达默尔[M]. 张世英, 赵敦华, 编; 何卫平, 译. 北京: 中华书局, 2003.
23. 任超, 吴恩融. 城市环境气候图: 可持续城市规划辅助信息系统工具[M]. 北京: 中国建筑工业出版社, 2012.
24. 阮仪三. 城市遗产保护论[M]. 上海: 上海科学技术出版社, 2005.
25. 阮仪三. 历史环境保护的理论与实践[M]. 上海: 上海科学技术出版社, 2000.
26. 唐纳德·沃特森等. 城市设计手册[M]. 刘海龙, 译. 北京: 中国建筑工业出版社, 2007.
27. 王蔚. 不同自然观下的建筑场所艺术: 中西传统建筑文化比较[M]. 天津: 天津大学出版社, 2005.
28. 沃尔什. 历史哲学导论[M]. 何兆武, 张文杰, 译. 桂林: 广西师范大学出版社, 2001.
29. 西村幸夫. 再造故乡魅力——日本传统街区重生故事[M]. 王惠君, 译. 北京: 清华大学出版社, 2007.
30. 叶秀山. 哲学要义[M]. 北京: 世界图书出版公司, 2006.
31. 伊丽莎白·瓦伊斯. 城市挑战: 亚洲城镇遗产保护与复兴实用指南[M]. 张枚英, 柴洋波, 译. 南京: 东南大学出版社, 2007.
32. 约翰·罗斯金. 建筑的七盏明灯[M]. 张璘, 译. 济南: 山东画报出版社, 2006.
33. 张耕华. 历史哲学引论[M]. 上海: 复旦大学出版社, 2004.
34. 张建庭, 王冰. 千年胜迹雷锋塔[M]. 杭州: 杭州出版社, 2002.
35. 张松. 历史城市保护学导论——文化遗产和历史环境保护的一种整体性方法[M]. 2版. 上海: 同济大学出版社, 2008.
36. 张松. 城市文化遗产保护国际宪章与国内法规选编[M]. 上海: 同济大学出版社, 2007.

后记

2013年12月中央城镇化工作会议提出："让居民望得见山、看得见水、记得住乡愁。"这样一句充满关切的话引起了社会的广泛共鸣。在当前快速发展的社会中，人们似乎更需要寻找心灵的慰藉，寻回久已失落的对家乡的记忆。

西安——一座千年古都——我的第二故乡。我深深地喜爱这里的一切——淳朴的人们，浓厚的文化……可是，每次回来看到城市里又多了一幢仿古建筑，又多了一些仿唐、仿明、仿清的建筑群，我不禁要问，这就是西安古都的性格吗？仿古真的能留住历史与文化吗？乡愁能这样造出来吗？

面对当前城市与乡村出现的种种怪现象，我的导师阮仪三先生曾说："文化遗产保护面临的最大敌人不是风霜雨雪等不可抗拒的自然力量，也不是完全缺乏相应的保护技术，而是各种片面和错误的认识观念，这是当今中国文化遗产保护发展要解决的首要问题"（《城市遗产保护论》，2005）

因此，本书从文化遗产保护的原真性理论出发，辨析当前我国城市遗产保护的思潮与实践，通过澄清原真性的内涵，明晰城市遗产保护的正确观念与做法，为中国城市文化遗产保护的健康发展铺路。

多年来，阮先生对城市古文化保护事业的热爱与专注深深地影响着我。每当看到一些地方政府由于缺乏正确的保护意识而造成文化遗产的破坏，阮先生都痛心疾首；他不知走遍了祖国的多少古村、古镇和古城，为了这份事业，他不怕累，更不怕得罪人，其精神令人敬佩！

此书的完成，我衷心感谢恩师阮仪三先生！

李红艳

2016年10月

图书在版编目（CIP）数据

真伪之问：何谓真正的城市遗产保护 / 阮仪三，李红艳著.
-- 上海：同济大学出版社，2016.10
ISBN 978-7-5608-6509-6

Ⅰ. ①真… Ⅱ. ①阮… ②李… Ⅲ. ①城市－文化遗产－保护－研究－中国 Ⅳ. ①G122

中国版本图书馆CIP数据核字（2016）第204777号

真伪之问：何谓真正的城市遗产保护
阮仪三 李红艳 著

责任编辑	武 蔚
责任校对	徐春莲
装帧设计	陆少波 刘一霖
出版发行	同济大学出版社 http://www.tongjipress.com.cn
	地址：上海市四平路1239号 邮编：200092 电话：021-65985622
经　　销	全国各地新华书店
印　　刷	常熟市华顺印刷有限公司
开　　本	889mm×1194mm 1/32
印　　张	7
印　　数	1-3100
字　　数	188 000
版　　次	2016年11月第1版 2016年11月第1次印刷
书　　号	ISBN 978-7-5608-6509-6
定　　价	42.00元

本书若有印装质量问题，请向本社发行部调换 版权所有 侵权必究

图片来源

1. 图 0-1,图 0-3,图 0-10,图 0-12,图 0-15,图 1-1,图 1-2,图 1-4,图 2-2,图 2-12—2-15,图 2-17,图 4-1—4-7 均由上海映脉文化传播有限公司授权。
2. 图 0-4—0-9,图 2-3,图 2-5,图 2-7,图 2-9—2-11,图 2-16,图 2-18—2-23 均由李红艳拍摄。
3. 图 0-2 由西安鼓楼回民区项目办公室提供。
4. 图 0-11,图 2-8,均由阮仪三拍摄;图 1-3 由阮仪三提供。
5. 第三篇中的专家照片:杨鸿勋先生照片由刘杰拍摄;"阮仪三与王景慧先生一同获得法国骑士勋章"照片由阮仪三提供;齐康教授照片由上海映脉文化传播有限公司授权;其他均由专家本人提供。
6. 图 2-1,出自张建庭,王冰,主编.千年胜迹雷锋塔.杭州:杭州出版社,2002:39
7. 图 2-4,图 2-6,出自高念华.胡雪岩故居修复研究.北京:文物出版社,2002:76,170